*„Die Grundfarbe der Geschichte ist grau,
in unendlichen Schattierungen."*

— **Thomas Nipperdey**
Deutsche Geschichte
1866—1918 Band II

Immo Opfermann

Paul Marek: Nº15 im Rastatter Kriegsverbrecherprozess 1946/47

Bibliografische Information der Deutschen Nationalbibliothek:
Die Deutsche Nationalbibliothek verzeichnet diese Publikation in der Deutschen National-
bibliografie, detaillierte bibliografische Daten sind im Internet über *http://dnb.dnb.de* abrufbar.

Form und Typografie: Holger Ardelt
Herstellung und Verlag: BoD – Books on Demand, Norderstedt
ISBN: 9783756856053

Inhalt

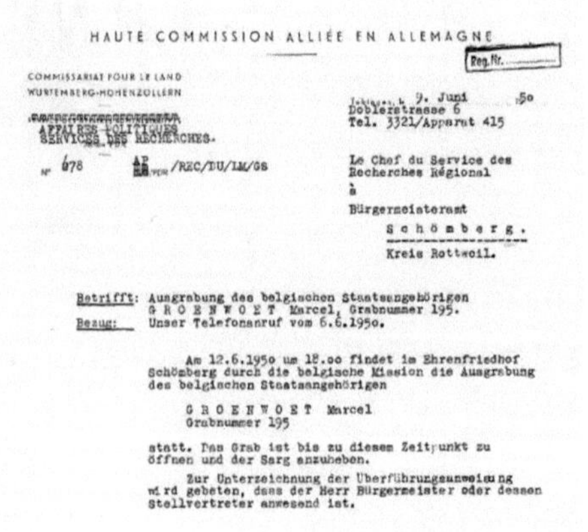

HAUTE COMMISSION ALLIÉE EN ALLEMAGNE

Reg. Nr.

COMMISSARIAT POUR LE LAND
WURTEMBERG-HOHENZOLLERN

AFFAIRES POLITIQUES
SERVICES DES RECHERCHES.

N° 678   AP/REC/DU/LM/GS

Tübingen, 9. Juni 50
Doblerstrasse 6
Tel. 3321/Apparat 415

Le Chef du Service des
Recherches Régional
à
Bürgermeisteramt
S c h ö m b e r g .
Kreis Rottweil.

Betrifft: Ausgrabung des belgischen Staatsangehörigen
G R O E N W O E T Marcel, Grabnummer 195.
Bezug: Unser Telefonanruf vom 6.6.1950.

Am 12.6.1950 um 18.00 findet im Ehrenfriedhof
Schömberg durch die belgische Mission die Ausgrabung
des belgischen Staatsangehörigen

G R O E N W O E T Marcel
Grabnummer 195

statt. Das Grab ist bis zu diesem Zeitpunkt zu
öffnen und der Sarg anzuheben.

Zur Unterzeichnung der Überführungsanweisung
wird gebeten, dass der Herr Bürgermeister oder dessen
Stellvertreter anwesend ist.

G. DUERMAEL.

p. o. [Signatur]

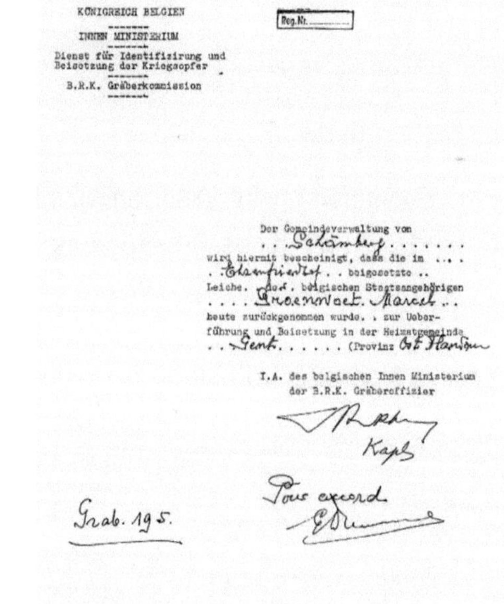

KÖNIGREICH BELGIEN

INNEN MINISTERIUM

Dienst für Identifizirung und
Beisetzung der Kriegsopfer

B.R.K. Gräberkommission

Reg. Nr.

Der Gemeindeverwaltung von
.. Schömberg ....
wird hiermit bescheinigt, dass die im ....
.. Ehrenfriedhof .. beigesetzte ..
Leiche. des. belgischen Staatsangehörigen
.... Groenwaet. Marcel ..
heute zurückgenommen wurde. , zur Ueber-
führung und Beisetzung in der Heimatgemeinde
.. Gent .... (Provinz Ost Flandern

I.A. des belgischen Innen Ministerium
der B.R.K. Gräberoffizier

Kapt

Pour exeord.
[Signatur]

Grab. 195.

Dokumente zur Exhumierung des ehemaligen Erzinger Häftlings Marcel Groenwoet

Einleitung

Am 12. Juni 1950 wurde auf dem „Ehrenfriedhof" in Schömberg, Kreis Balingen, der Leichnam des belgischen Staatsbürgers Marcel Groenwoet im Auftrag der Gräberkommission des Königreichs Belgien, speziell des Dienstes für Identifizierung und Kriegsopfer exhumiert.

Das „Commissariat pour le Land Würtemberg-Hohenzollern, Affaires Politiques", ordnete im Namen der HAUTE COMMISSION ALLIÉE EN ALLEMAGNE am 9. Juni 1950 an, dass die Ausgrabung um 18.00 im Ehrenfriedhof Schömberg durch die belgische Mission stattfinden werde. „Das Grab ist bis zu diesem Zeitpunkt zu öffnen und der Sarg anzuheben". Zur Unterzeichnung der Überführungsanweisung wird gebeten, dass der Herr Bürgermeister oder dessen Stellvertreter anwesend ist"[1].

Offenbar hatte es lange gedauert, bis feststand, dass Marcel Groenwoet als einer der wenigen Toten des KZ Erzingen nicht dort, sondern in Schömberg mit den vielen anderen Toten der KZ Schömberg und Dautmergen begraben und 1946 auf den „Ehrenfriedhof" Schömberg umgebettet worden war, so dass auch die Grabnummer 195 für ihn existierte.[2]

Marcel Groenwoet, KZ-Häftling im NN-Lager Erzingen, geb. am 7.8. 1909, Häftlingsnummer 17392, war am 30. 11. 1944 bei einem BILD 3 Häftlingsbestands-

<hr>

1   HAUTE COMMISSION ALLIÉE EN ALLEMAGNE; COMMISSARIAT POUR LE LAND WUR-TEMBERG-HOHENZOLLERN; AFFAIRES POLITIQUES SERVICES DES RECHERCHES Brief vom 9.Juni 1950, unterzeichnet von G.Duermael, Tübingen Doblerstraße 6.Section Personnes Deplaces. Stadtarchiv Schömberg.

2   Bei der Exhumierung oder Umbettung aus dem Begräbnis- und Verscharrungsort „Schönhager Loch" in Schömberg ab August 1946 war wegen des späten Zeitpunkts eine Identifizierung der Toten nicht mehr möglich, allerdings bekam jeder der Toten einen Sarg aus Fichtenholz. Auf dem Rathaus Schömberg mussten alle Toten gemeldet werden, so dass es möglich erscheint, dass Marcel Groenwoets Gebeine wirklich im Grab 195 lagen. In einem Dokument des Stadtarchivs Schömberg ist die Sarganlieferung festgehalten: Stadtarchiv Schömberg Nr. 1582: vom 22.8. 1946 bis 6.9. 1946 hatten die Schreiner aus der Umgebung Schömbergs 2 bis 40 Särge zu liefern. Eine „Aufstellung über die bis jetzt eingegangenen Särge" vom 22 August 1946 nennt die Zahl 625. Einige Särge wurden nicht benötigt und lagen bis Anfang der 80er Jahre in der Alten Schule in Schömberg auf dem Dachboden.

„Häftlingsbestandsbuch" Jan Cletons mit der Notiz „Unval"

buch „Unfal"[3] zu Tode gekommen.

Paul Marek hatte als Angestellter der zivilen Firma Ernst König, Magdeburg, im KZ Erzingen das Abladen von täglich ankommenden Transporten für den Aufbau von „Wüste" 4 und 5 zu beaufsichtigen: Röhren hatten sich gelöst und Marcel Groenwoet unter sich begraben. Dies war einer der Hauptgründe, weshalb Marek im Rastatter Prozess 1947 verurteilt wurde. Während der Exhumierung und Überführung des Toten war Paul Marek noch in Haft.

---

3   Der holländische Lagerälteste des NN-Lagers Erzingen führte ein „Häftlingsbestandbuch", in dem er auf Seite 8 das Geschehnis als „unval" notierte. Marcel Groenwoet ist die Nr. 162 des Transportes vom 22.6.1944. In: Opfermann, Immo: Jan, ist der Führer tot? Portraits und Glückwunschkarten im KZ Erzingen. Bad Schussenried 2016, S. 111.

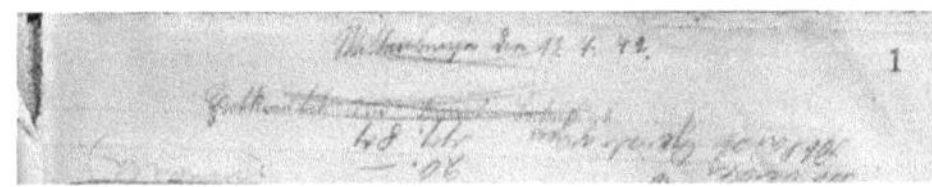

Ausschnitt aus der Kladde Helene Mareks, die Paul Mareks Notizbuch übernimmt:
Beginn „Wittenberge den 12. 7. 42". Dort arbeitete Marek für die Firma König.

Vorwort des Verfassers

Nach mehreren Jahrzehnten der Beschäftigung mit den Konzentrationslagern des Unternehmens „Wüste", besonders auch des KZ Erzingen, ausgedrückt in Ausstellungen und Veröffentlichungen mit dem Blick ausschließlich auf die KZ-Häftlinge, haben mich nun veranlasst, einen Wechsel der Perspektive vorzunehmen, weil das Schicksal eines in Rastatt zunächst zum Tode Verurteilten mich berührt hat und die Unterscheidung zwischen Täter und Opfer verschwimmen lässt.

Die Materialien über und von Paul Marek, hier erstmals veröffentlichte Papiere stammen aus der Sammlung, die Dorothea Keinath, die Tochter Paul Mareks, von ihrer Mutter Helene Marek, geb. Jetter (29.5.1911- 25.6.1987), übernommen hatte und mir überließ[1].

Bei den Dokumenten handelt es sich in der Hauptsache um Brief-Originale Paul Mareks aus dem Gefängnis Wittlich oder Durchschläge der umfangreichen Korrespondenz, die Helene Marek zur Rettung, besseren Beleumundung und Rehabilitation ihres Mannes geführt hat.

Deshalb war es mir von besonderem Interesse, dem Schicksal eines verurteilten „Täters", aus dessen familiärem Umfeld Originaldokumente vorlagen, besondere Aufmerksamkeit zu widmen und zu recherchieren, weshalb die Besatzungsmacht Frankreich auf so strenger und eigentlich unverständlicher Bestrafung durch ein Militärgericht für den Angehörigen einer zivilen Bau-Firma beharrte. Waren seine Taten deshalb für das Richterkollegium so schlimm, weil sie an politischen Häftlingen begangen wurden?

Hier zeigt sich kaleidoskopartig und beispielhaft die gesamte Problematik des Rastatt-Prozesses. Weil das KZ Erzingen Teil des Unternehmens „Wüste" war, ergeben sich dazu ebenso interessante Einblicke, was die „Sühne" anbelangt.

---

[1] Helene Marek benutzt die Kladde ihres Mannes. Er hatte sie zu führen begonnen bereits in „Wittenberge den 12.7.42" ‚wie in Sütterlinschrift vermerkt ist, S.1.

Paul Mareks Wehrpass

Weg nach Rastatt

Paul Marek, geb. am 29. Juni 1905 in Sandowitz, Kreis Großstrehlitz bei Oppeln (heute: Zdzieszowice bei St. Annaberg), wurde als ziviler Werk- und Schachtmeister der Firma Ernst König, Magdeburg, zum Aufbau der SS-Schieferöl[1] und von „Wüste" 4 und „Wüste" 5 nach Erzingen geschickt. Er war von der DBHG Balingen und der OT [2], die den Aufbau im Namen der DBHG betrieb, angefordert worden. Laut Mareks Wehrpass war dies „Wehrdienst im Beurlaubtenstande". Die Liste der Firma König für die aus ganz Deutschland nach Erzingen transportierten Materialien und Baugeräte beginnt mit dem 30. 3.1944: Bis zum 15. August 1944 waren es 7632,5 m Schienen, Schwellen für Bahntrassen, Baubuden, Kipploren, Lokomotiven, alles, was zum Aufbau von Fabriken zur Ölgewinnung erforderlich war. Der „Unfall" mit den Röhren am 30.11. 44 zeigt, dass die Anlieferung entsprechend dem Baufortschritt für die Firma „Ernst König Tief-, Ingenieur-, Eisenbahn- und Hochbau" ununterbrochen war.

Laut Stempel des Wehrmeldeamtes Balingen wohnte Paul Marek seit 14.4. 1944 in Erzingen, davor war er „vom 20. 10. 1937 bis 1944 zuerst als Arbeiter und dann als Vorarbeiter bei der Ausführung von Erd-und Gleisarbeiten" bei der Firma König beschäftigt[3]. Seine Tätigkeiten, die er im Auftrag der Firma ausführte, waren folgende: Er war „1943 als Kolonnenführer in Wittenberge bei Bauarbeiten eingesetzt, wo er deutsche Arbeiter und auch polnische Zivilarbeiter" beaufsichtigte, wobei ihm seine polnischen Sprachkenntnisse hilfreich waren; bis zum Frühjahr 1944 war er bei Erd- und Gleisarbeiten im Bezirk Stendal-Wittenberge und Umgebung tätig. Im April 1944 wurde er als Aufsichtsperson nach Erzingen geschickt, um den Betrieb von Großgeräten, die zum Einsatz bei der Deutschen Ölschiefergesellschaft Erzingen gebraucht wurden, zu beaufsichtigen. Der Bau befand sich im Anfangsstadium, und der Betrieb des Werkes ist nicht mehr in Gang gekommen. Die Bauleitung

---

1   Ibidem S. 15 ff.

2   Opfermann, Leitfaden zur Ausstellung 1997, S. 72 f. OT= Organisation Todt; DBHG=Deutsche Bergwerks-und Hütten- Gesellschaft. OT und DBHG hatten ihre Sitze in Balingen, der Kreisstadt.

3   Brief der Firma König vom 4.1. 1949 an Helene Marek

Als das für den Aufbau der "Wüste"-Werke benötigte Material durch die Reichsbahn ausgeliefert wird, stauen sich die Güterwagen
via Tübingen bis Plochingen
via Rottweil bis Horb

Beispiel für eine Firma: Baumaschinenfabrik Ernst König / Magdeburg

Nachrechnung

[illegible] von der Baustelle [illegible] bei [illegible] nach Bettingen verladener [illegible]

Datum 1944	Wagen	Nr.	Inhalt	Gewicht	Gewicht für Stücktransport
30.3.	[illegible]	[illegible]	600 Schwellen 1,80 m lang	[illegible]	—
	B.M.B.	[illegible]	750 Schwellen 1,80 m lang	[illegible]	—
31.3	Bremen	[illegible]	630 Schwellen 1,80 m lang	[illegible]	—
		[illegible]	630 Schwellen 1,80 m lang	[illegible]	—
3.4.	[illegible]	[illegible]	Baumaterial und Kleingerät	[illegible]	[illegible]
4.4.		[illegible]	450,00 m Schienen mit Laschen	[illegible]	[illegible]
		[illegible]	450,00 m Schienen mit Laschen	[illegible]	[illegible]
5.4.		[illegible]	1400,00 m Schienen mit Laschen und Nägel	[illegible]	[illegible]
7.4.	Augsburg	[illegible]	600,00 m Schienen	[illegible]	[illegible]
8.4.	[illegible]	[illegible]	4 Stück Weichen, 2 Transportbände	[illegible]	[illegible]
12.5	Dresden	[illegible]	Laschen, Bolzen, Schienennägel und Prellstücke	[illegible]	[illegible]
16.5.	[illegible]	[illegible]	[illegible] m Schienen	[illegible]	[illegible]

Liste der Magdeburger Firma Ernst König für die Baustellen der „Wüste"-Fabriken Nr. 4 und 5: Anlieferung von Materialien

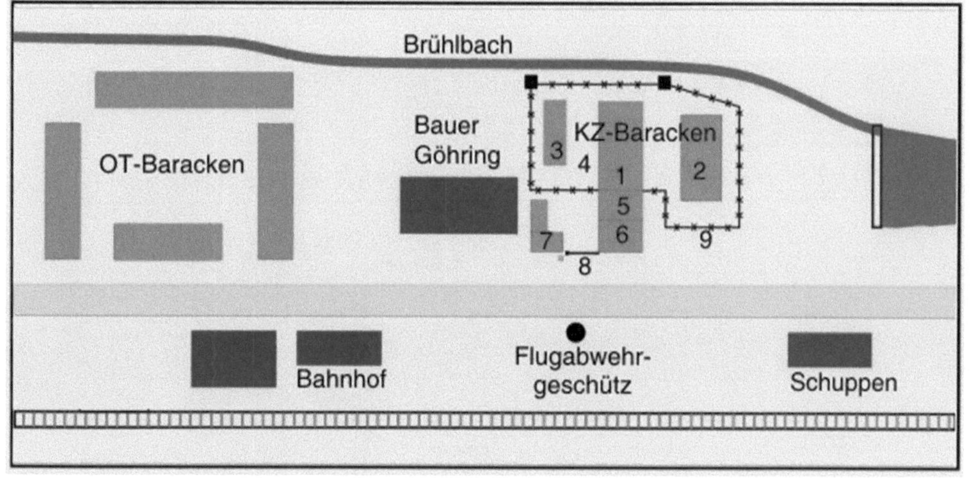

KZ-Lageplan Erzingen. Rekonstruktion nach Angaben des Zeitzeugen Ernst Göhring (Erzingen) und nach Zeichnungen von KZ-Häftlingen.
1: Häftlinge, 2: Häftlinge, 3: Küche, 4: Appellplatz, 5: Wache, 6: Zeichenbüro, 7: HEMA, 8: Schlagbaum mit Wachhaus, 9: Stacheldrahtzaun

Baracken des ehemaligen KZ Erzingen: Photos von 1946, als Max Heilbronn Erzingen besuchte. Links: Eingang zu großen Baracke, rechts Seitenansicht. Im Hintergrund der Hof des Bauern Göhring.

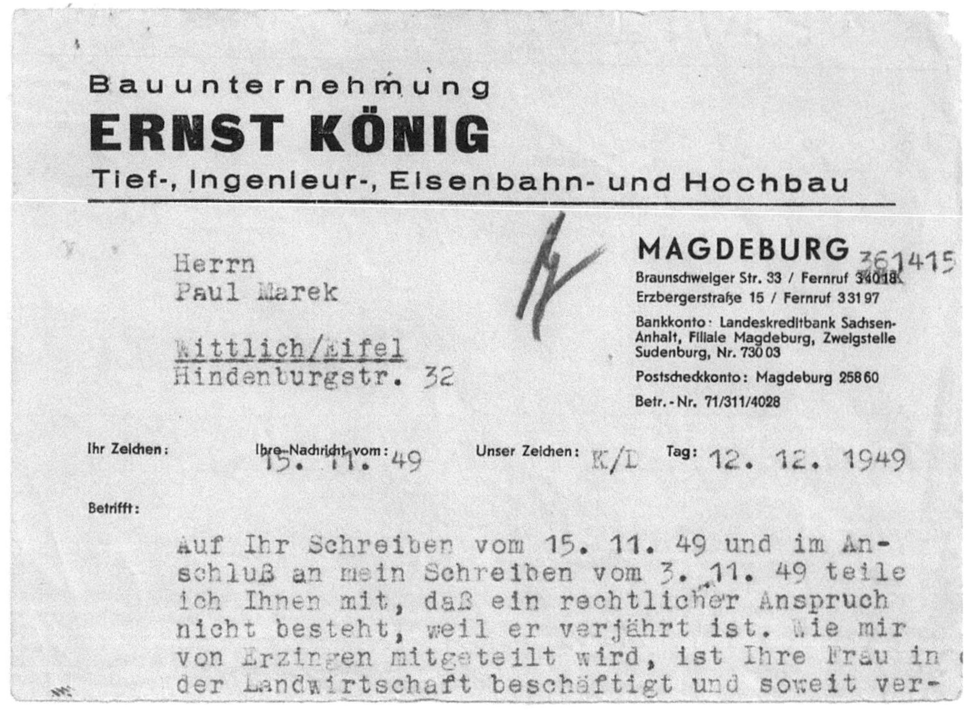

Briefkopf der Firma Ernst König, bei der Paul Marek angestellt war.

wurde später der damaligen O.T. unterstellt"[4].

Hier wird im Rückblick des Firmenchefs Ernst König ausgesprochen, auf welche Weise das kleine Dorf Erzingen wichtig für das Unternehmen „Wüste" mit seinen Lagern wurde: Erstens wurden hier kriegsgefangene Franzosen in einem Lager innerhalb des Ortes Erzingen sehr zentral in der Kirchstraße Nr.33 untergebracht, weil sie „bei den Landwirten in Erzingen" „beschäftigt"[5] waren, d.h. die französischen Kriegsgefangenen konnten auf dem Rathaus für Arbeiten in der Landwirtschaft an-

4   Königs Brief vom 9.1.1957.
5   Eine Liste der OT, Oberbauleitung Balingen, vom 21.9.1944, führt die Lager in Erzingen auf: Copy of 2.2.0.1/82394072 in conformity wiuth the ITS Archives, Bad Arolsen

gefordert werden. Wie aus Schömberg bekannt, dürfte auch in Erzingen die Verpflegung der Franzosen mit der Gemeinde abgerechnet worden sein[6].

Das zweite Lager in Erzingen war das sog. „Russenlager“, das für mindestens 1000 sowjetische Mannschafts-Kriegsgefangene auf dem Hungerberg, also weit außerhalb der Ortschaft, errichtet wurde. Diese waren als Arbeitskräfte für die Produktion von Schieferöl vorgesehen, denn mit der SS-Schieferöl, gegründet am 2. Mai 1944, wollte die SS für sich den Treibstoff Öl aus Ölschiefer in großem Stil produzieren. Der SS-Obergruppenführer und General der Waffen-SS Oswald Pohl war selbst ein wichtiger Gesellschafter der SS-Schieferöl[7].

Das dritte Lager, die Baracken des KZ Erzingen am Bahnhof, wurde vom KZ Schömberg aus aufgebaut, weil sie für „Wüste“ 4 und 5 als Unterkünfte dienen sollten. Das erwähnte OT-Dokument spricht von „K.Z.-Häftlinge(n)“ für das „Ölschieferwerk“. Im Mai 1944 wurden einige Baracken zum KZ erklärt und zur Aufnahme von Insassen vorbereitet, allerdings mit nur 100+1 Häftlingen[8]. Am 21. Juni 1944 wurde nach Julien Hagenbourger die gesamte Belegschaft ausgetauscht, weil Gefangene am 22. Juni in Erzingen eintrafen[9]. Es waren 200 „Nacht-und-Nebel-Häftlinge“ (NN), politische Häftlinge aus West-und Nordeuropa, einer besonderen Häftlingskategorie des Stammlagers Natzweiler-Struthof, auf dem Dokument der OT als „Verbannte“ bezeichnet, zu Tod und Vergessen bestimmt entsprechend dem „Nacht-und-Nebel-Erlass“[10]. Das KZ Erzingen bekam im Natzweiler Nummernbuch mit „E“ eine eigene Kennzeichnung. Das Größenverhältnis zwischen diesem und dem „Russenlager“ war 1:10.

Die Fluktuation der NN-Gefangenen wurde dokumentiert im „Häftlingsbestandsbuch“ des holländischen Lagerältesten Jan Albertus Cleton[11], so dass auch Transporte in größere Lager, Kranken-Transporte und die Evakuierung des Lagers

<hr>

6   Vgl. Opfermann, Bei Ostwind hörten wir die Leute schreien, Das „Schwarze Lager“ Dormettingen, München 2020, S.24, Anm.9.

7   Opfermann, Jan, ist der Führer tot? a.a.O. S. 20 ff.

8   ITS DOC Nr.81821213531 Bad Arolsen.

9   Wie Anm.12, S.31

10   Erlass vom 7.12,1941. Auf Hitlers Befehl hatte der OKW-Chef v. Keitel diesen Erlass zur Bekämpfung von angeblichen „Straftätern“ in den von Deutschen besetzten Gebieten herausgegeben.

11   Opfermann, Jan, ist der Führer tot? a.a.O. S. 107 ff.

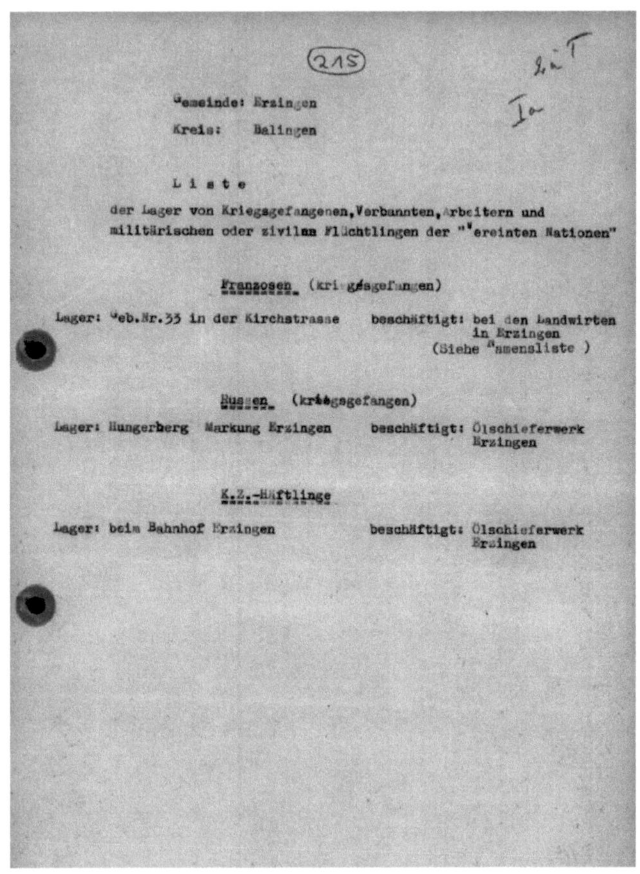

Gemeinde: Erzingen

Kreis: Balingen

L i s t e

der Lager von Kriegsgefangenen, Verbannten, Arbeitern und
militärischen oder zivilen Flüchtlingen der "Vereinten Nationen"

__Franzosen__ (kriegsgefangen)

Lager: Geb.Nr.33 in der Kirchstrasse   beschäftigt: bei den Landwirten
                                                       in Erzingen
                                          (Siehe Namensliste)

__Russen__ (kriegsgefangen)

Lager: Hungerberg Markung Erzingen   beschäftigt: Ölschieferwerk
                                                       Erzingen

__K.Z.-Häftlinge__

Lager: beim Bahnhof Erzingen   beschäftigt: Ölschieferwerk
                                                       Erzingen

Liste der OT=Organisation Todt zu den Lagern in Erzingen

Erzingen erscheinen. Von anderen „Politischen" wie Bernard Hemmer, dem holländischen Blockältesten, ist eine singuläre Erinnerung an seine Gefangenschaft in Form eines selbstgemachten Kalenders erhalten: hier ist die allmähliche Räumung des Lagers zusammen mit persönlichen Erfahrungen notiert. Ebenso sammelte der französische Lagerarzt Léon Boutbien bereits Informationen für eine Nach-KZ-Zeit. Dazu gehörte sicher der Unfall, bei dem der belgische Häftling zu Tode kam, er ereignete sich am 30.11.1944. Spätere Aussagen in Rastatt machen deutlich, dass Marek, der für den Unfall angeblich Schuldige, danach unter besonderer Beobachtung der Häftlinge stand.

Anfang des Jahres 1945 wurde das Lager Erzingen nach und nach evakuiert: Zunächst durften die 21 norwegischen Gefangenen und ein dänischer ab 20. März das Lager verlassen, weil das Schwedische Rote Kreuz einen Transport für die skandinavischen Häftlinge in der „Rettungsaktion der Weißen Busse" organisiert hatte[12]. „Der Kommandant (hatte) beim Morgenappell die 21 Norweger und den einen Dänen an(gewiesen), im Lager zu bleiben, und kündigte die baldige Abholung durch das Rote Kreuz an. Sogar neue gestreifte Häftlingskleider darunter auch Mäntel ließ der Kommandant ihnen ausgeben.... Am 21. März[13] begleiteten ein paar Wachsoldaten sie auf einem zehn Kilometer langen Marsch nach Dautmergen, wo sie Zivilkleidung erhielten. Auf dem Rücken wurden jedoch wie früher im Stammlager Natzweiler-Struthof die Buchstaben „NN" gemalt....Am selben Tag kehrten die Skandinavier jedoch wieder nach Erzingen zurück. Spät abends verließen die 22 Häftlinge, begleitet durch freundliche Wachsoldaten das Lager"[14].

Am 8. April verließ ein Krankentransport Erzingen, nachdem „eine telefonische Nachfrage durch die SS nach der Verfügbarkeit von Waggons für den Transport" beim Schömberger Bahnhofsvorsteher Lehmann zwei Waggons für Erzingen mit Unterscharführer Kruth vereinbart worden war[15]. Am Erzinger Bahnhof scheint

---

12 Opfermann, Jan, ist der Führer tot? a.a.O. S.45 ff.

13 Die Daten 20. und 21. März sind bestätigt durch Hemmers Eintragung in seinem Kalender und in Cletons Häftlingsbestandsbuch.

14 Arno Huth: Dokumentation Das doppelte Ende des „K-L.Natzweiler" auf beiden Seiten des Rheins. Neckarelz 2013 Landeszentrale für politische Bildung Baden-Württemberg. S. 130.

15 Ibidem S. 302

Das Bild links zeigt Helene vor der Albkulisse, vermutlich aus der Zeit vor der Hochzeit 1944.
Das Bild rechts zeigt Paul Marek mit den drei Frauen der Familie Jetter. Direkt neben ihm steht seine Frau Helene Marek, geb. Jetter.

es zu Auseinandersetzungen darüber gekommen zu sein, ob die offenen Waggons durch Bretter verschlossen werden sollten, denn Heinrich Lips, ein OT-Offizier, ließ sich ein Jahr später bestätigen, genau dies zum Schutz gegen die Kälte getan zu haben. Einen Ofen habe die SS verhindert[16]. Ob Paul Marek als Angestellter der Firma König im Auftrag der OT auf dem Bahnhof anwesend war, lässt sich nur vermuten.

Die anderen politischen Gefangenen des KZ wurden vom 14. April 1945 an per Bahn in offenen Waggons über Sigmaringen (15.4.), München (16.4.) nach Allach (17.4.) transportiert. Weil die späteren französischen Prozess-Zeugen Léon Boutbien[17] und Max Heilbronn in diesem Transport waren, ist klar, dass die Franzosen sogleich wussten, was mit Marek geschehen müsse. Alle 126 Erzinger Häftlinge bekamen in Dachau neue Nummern, alle wurden dort von den Amerikanern befreit.

In Erzingen wurde das Lager auf dem Hungerberg von den dortigen ca.120-150 Wachmännern am 20. April 1945 aufgegeben, nachdem die Franzosen sich genähert

16   Originalbrief Bernard Hemmers, Geesteren, 24.4. 1946 an Heinrich Lips, der am 17.3. 1946 an Hemmer geschrieben und um Fürsprache und Hilfe gebeten hatte. Privatarchiv Opfermann.

17   Leon Boutbiens Weg nach Erzingen ging über Natzweiler: 12.7.43 – 25.2. 44; danach Schömberg bis 8.5.44, wieder Natzweiler, dann am 21. 6. 44 nach Erzingen bis zum 15. 4. 1945. Seine Gedichte veröffentlichte er im Selbstverlag, den Transport in „Les derniers Jours", besonders II „Le train roule! J'ai froid..." Der Zug fährt! Ich friere.

hatten. Die teilweise chaotischen Folgen der Räumung war daran erkennbar, dass vor allem die nun freien und zu den Siegern gehörigen 1000 sowjetischen Kriegsgefangenen des sogenannten „Russenlagers" dadurch zeitweise besänftigt wurden, dass sie von den Erzingern „mit genügend Lebensmitteln" versorgt, dass die „gesamte angelieferte Milch... und Kartoffeln, Mehl, Fleisch" ihnen überlassen wurde, so dass „das Schlimmste verhütet werden"[18]konnte. „In den Vormittagsstunden des 21.April kamen die ersten französischen Wagen von Balingen her, auf dem Platz bei der Waage (wurden) sie von ihren Landsleuten, französischen Zivilgefangenen, „mit einem stürmischen Hurra begrüsst"[19]. Damit gehörte auch das am längsten bestehende Lager der Vergangenheit an.

Paul Marek hielt sich weiterhin in Erzingen auf, wo er ja Helene Jetter geheiratet und eine Familie gegründet hatte. Marek versteckte sich ein Zeitlang auf einem Heuboden im Dorf. Die Geburt seiner Tochter Dorothea am 25. Juli 1945 konnte er jedoch nicht mehr erleben, weil er vorher von den Franzosen, die nach ihm suchten, entdeckt worden war. Ob das „Bureau d'enquêtes et de recherches des crimes des guerre" (B.E.R.C.G.), das 1945 von der Militärregierung in Baden-Baden etabliert worden war und in Frankreich selbst einen Vorläufer hatte, der dortigen Kriegsverbrechen auf der Spur war, die Suchaktion nach Marek initiierte[20], konnte nicht geklärt werden. Am 31. August 1945 wurde er „an (das) Internierungslager Balingen durch die französische Besatzungsmacht ausgeliefert". Ein anderes Dokument setzt die „Gefangenschaft seit 28.9. 1945" an mit „Misshandlungen im Lager Balingen". Diese bezeugen Eugen Luippold, Weilstetten, und Emilie Bregenzer 1952: „(wir) mussten mit ansehen, wie der Lagerkommandant[21] einen nackten Mann mit

18   Ortschronik Erzingen, Blatt 1955/82.

19   Stadtarchiv Schömberg AB 638

20   Vgl. Roland Deigendesch, Von Rottenburg nach Rastatt. Wilhelm Saile vor dem Tribunal Général der französischen Militärregierung, Selbstverlag 2019, S.19

21   Lagerkommandant war Gilbert Claudel, genannt „Balbo", berüchtigter Leiter des Balingen Internierungslagers bis Juni 1946, danach abgelöst von Capitaine Manhaudier. In:Blau-Weiß-Rot: Leben unter der Trikolore. Die Kreise Balingen und Hechingen in der Nachkriegszeit 1945 bis 1949. Herausgeber: Landratsamt Zollernalbkreis. Bearbeitet von Andreas Zekorn. Zollernalb-Profile Schriftenreihe des Zollernalbkreises Band 5, Stuttgart 1999, S.62. Ein Bild „Balbos" findet sich ebenso In: Margarete Steinhart, Kleinstadt im Wandel, Balingen 1918-1948, Veröffentlichungen des Stadtarchivs Balingen Band 3, Balingen 1991. S.238.

dem Wasserschlauch abspritzte. Wir erfuhren nachher, dass es Marek war. Marek war übel zugerichtet, sein ganzer Körper war voller Wunden und sein Gesäß ein einziger Fleischklumpen" [22]. Wie das spätere Urteil zeigt, ist er am 14. August 1946 von den französischen Justizbehörden in Haft genommen worden (s.u. S.10).

Demnach muss Paul Marek fast ein Jahr im Balinger Internierungslager gewesen, später nach Rastatt befördert worden sein, denn dort sollte ihm der Prozess wegen seines Verhaltens, seiner Härte den KZ-Häftlingen gegenüber, die er bei der Arbeit für die Firma König zu beaufsichtigen hatte, gemacht werden. Er war deshalb nicht, wie gelegentlich gemutmaßt wurde, bei den Umbettungsarbeiten im Schönhager Loch in Schömberg beteiligt: zum gleichen Zeitpunkt waren 80 dort ehemalige Funktionsträger des Nazi-Regimes, die aus dem „Kriegsverbrecherlager" Reutlingen kamen, bei den Exhumierungen eingesetzt[23]. Deren Versorgung während der Arbeiten scheint im Gegensatz zu der Behandlung Mareks in Balingen zu stehen.

In einem weiteren Dokument des evangelischen Pfarramts Erzingen ist eine Unterschrift des aus dem „Internierten-Lager in Reutlingen vorgeführten" Marek bestätigt.[24] Daraus lässt sich schließen, dass Marek nicht nur in Balingen, sondern auch im Reutlinger „Kriegsverbrecherlager" gewesen ist, oder liegt ein Versehen des Pfarramtes vor?

22 Schreibmaschinenblatt in den Papieren von Helene Marek mit den Namen Eugen Luippold und Emilie Bregenzer vom 2. Juli 1952. Der Bericht weist auf eine ähnlich brutale Behandlung hin, wie sie über die Täter des „Schwarzen Lagers" Dormettingen von vermeintlichen Franzosen überliefert ist.

23 Anordnung der Militärregierung vom 21. 8. 1946, dass für das Arbeitskommando aus dem Lager Reutlingen morgens und abends ein warmes Getränk zur Verfügung zu stellen sei, dass zwei Notaborte im Auftrag von Capitaine Rabaste zu errichten seien, dass eine Baracke von „Wüste" 9 auf den neuen Friedhof zu führen sei. Stadtarchiv Schömberg Nr. 1585.

24 Ein von Pfarrer Bötsch signiertes Dokument vom 6.Februar 1947 bestätigt ein Schriftstück des Notars Stähle mit Mareks Unterschrift, die er am 14. Oktober 1946 geleistet hatte. Kreisarchiv Rastatt Blätter zu Kloninger...

Prozessbeginn in Rastatt: Im Rastatter Schloss tagte das „Militärtribunal der französischen Besatzungszone in Deutschland", das TRIBUNAL GENERAL DE GOUVERNEMENT MILITAIRE DE LA ZONE FRANCAISE D'OCCUPATION EN ALLEMAGNE

Der Prozess im Schloss Rastatt

Der PROCES VERBAL des TRIBUNAL GENERAL DE GOUVERNE-
MENT MILITAIRE DE LA ZONE FRANCAISE D' OCCUPATION EN
ALLEMAGNE, JUGEMENT 9, begann am 9. Dezember 1946 um 14 Uhr[1] im Ah-
nensaal des Schlosses Rastatt. Es war ein Prozess vor der höchsten richterlichen Ins-
tanz in der französischen Zone gegen „Kriegsverbrecher", es tagte wegen eines „Verbrechens gegen die Menschlichkeit". Das Gericht ermittelte in 2000 Fällen und
führte insgesamt 235 Prozesse durch.[2] Die Anklage folgte dem Urteil des Internationalen Militärgerichtshofes in Nürnberg über die angeklagten Organisationen, das
am 30.9./1.10. 1946 veröffentlicht worden war, in denen von der „Durchführung des
Sklavenarbeiterprogramms und die Mißhandlung von Kriegsgefangenen" und „Brutalitäten und Tötungen in den Konzentrationslagern" die Rede ist [3].Das Londoner
Statut vom 8.8.1945, beraten von Stalin, Truman und Attlee und einem Vertreter
Frankreichs am 2.8.1945, wurde die Grundlage für den Internationalen Militärge-
richtshof (IMT); aus dem Statut wurde das Kontrollratsgesetz Nr. 10 (KRG 10, engl.
Control Council Law Nr. 10, abgekürzt CCC 10), die Rechtsgrundlage für Militär-
gerichte, also auch für Rastatt. Dessen Basis, so vermerkt es das JOURNAL OFFI-
CIEL ist „das Gesetz Nr.10 des Kontrollrats vom 20. Dezember 1945 über Bestrafung von Personen, die sich Kriegsverbrechen, Verbrechen gegen den Frieden oder
Verbechen gegen die Menschlichkeit schuldig gemacht haben (veröffentlicht im
Amtsblatt des französischen Oberkommandos in Deutschland vom 11.Januar 1946)
und die Verordnung Nr.36 des Commandant en Chef Francais en Allemagne vom
25. Februar 1946 über Strafverfolgung der Kriegsverbrechen, der Verbrechen gegen
den Frieden und der Verbrechen gegen die Menschlichkeit (veröffentlicht im vorge-

1   Zentrale Stelle Ludwigsburg Nr. 419 AR – Z 33/61. Das JOURNAL OFFICIEL, Amtblatt des französischen
    Oberkommandos in Deutschland, berichtet am 15. April 1947 zweisprachig von diesem Prozess. Abgedruckt bei
    Opfermann. Leitfaden 1997, ab S.102. Zu Marek S. 109.
2   Vgl. Internetseite des Kreisarchivs Rastatt aus dem Jahr 2014, LRA Rastatt ‚Amt für Weiterbildung und Kultur.
3   Vgl. Das sowjetische Speziallager Nr. 2 1945-1950 Katalog zur ständigen Ausstellung, hgg.von Bodo Ritscher…
    im Auftrag der Gedenkstätte Buchenwald, Göttingen 1999. S. 31 f.

nannten Amtsblatt vom 8. März 1946)".[4] In Artikel 6 des IMT-Statuts wurden für die Prozesse vier Anklagepunkte festgehalten, deren 3. und 4. bei Paul Marek angewendet wurde: „3. Kriegsverbrechen (bes. Morde und Mißhandlungen in den besetzten Ländern). 5. Verbrechen gegen die Menschlichkeit im allgemeinen (in Deutschland und anderen Ländern begangen)". Die zeitliche Nähe des Statuts zwischen den beiden Abwürfen der Atombomben auf Hiroshima (6.8.) und Nagasaki (9.8) macht deutlich, dass mit der Machtdemonstration der USA die Sowjetunion dazu gebracht werden sollte, Japan den Krieg zu erklären, natürlich ebenso um eine gemeinsame Verabredung der Alliierten über die Behandlung der Besiegten. Angesichts der Verbrechen des Nationalsozialismus lag „den Prozessen wohl das Bestreben zugrunde, ein neues Völkerrecht zu konstituieren, das zur Verhinderung künftiger Kriege und Kriegsverbrechen beitragen sollte. Seine Rechtmäßgkeit ist jedoch wegen der Mißachtung des Grundsatzes ‚nulla poena sine lege' sowie der Tatsache, daß nur Verantwortliche der unterlegenen Mächte angeklagt und verurteilt wurden, umstritten"[5]. Es ging also bei den Konferenzen der Sieger um den Anspruch, „Verbrechen gegen die Menschlichkeit" in Kriegsverbrecherprozessen zu ahnden.

In der „Nichtamtlichen Übersetzung" des Tribunals in Rastatt ist bei den ersten 50 Beschuldigten bei „Kriegsverbrechen" „Mord in Mittäterschaft", von „Diebstählen" „zum Nachteil von deportierten politischen Häftlingen" einerseits, andererseits von „Kriegsverbrechen" die Rede, die sich in „Gewalttaten, Mißhandlungen, Schläge(n) und Verletzungen" zeigen, „geeignet, den Tod von politischen deportierten Häftlingen herbeizuführen"[6] Der zivile Angestellte der zivilen Firma König wurde demnach wie ein Angehöriger einer nationalsozialistischen Organisation behandelt und wie ein Kriegsverbrecher, dem die Todesstrafe drohte, angeklagt.

Über die Aufnahme hatte der „Directeur Général de la Justice" zu entscheiden. Wie weit Prozesse wie z.B. die Dachauer Militärgerichtsverfahren, fünf Tage vor dem „Nürnberger Prozess" am 15.11. 1945 von einem amerikanischen Militärgericht

4   JOURNAL OFFICIEL.., abgedruckt bei Opfermann,Leitfaden 1997, S. 102

5   Elmar Krautkämper, Internationale Politik im 20. Jahrhundert Band 2. Dokumente und Matrialien. Verlag Moritz Diesterweg. Frankfurt am Main Berlin München 1977, S.177Nulla poena sine lege=keine Strafe ohne Gesetz.

6   PROCES-VERBAL, nichtamtliche deutsche Übersetzung der Zentralen Stelle 419 AR – Z 33/61, S.12

begonnen, dem Rastatter Prozess Vorbild waren, lässt sich vermuten, denn in diesem Verfahren waren die Täter, die das KZ-System am Laufen gehalten hatten, angeklagt[7].

Paul Marek gehörte zu den ersten 50 schweren Fällen der Angeklagten des „Procès du 9 décembre 1946 au 1. février 1947", zur „1.Série Camps Wurtemberg", deren Prozess am 1.2. 1947 endete (Date de jugement = Datum des Urteilspruches)[8]. Das Dokument zählt 50 Angeklagte, 31 Sitzungen, 203 Zeugen und 242 Seiten des Procés verbal auf. Es zeigt die hochkarätige Zusammensetzung des Gerichts: den Vorsitz hat Jean AUSSET, Kammerpräsident am Appellationsgericht Paris, weitere Richter sind Jean DRAPPIER, Beirat am Appellationsgericht Paris, Gustave LEVY, Kammerpräsident, Marguerite HALLER, Richterin am Tribunal Général, HAMMES als Major der luxemburgischen Armee. Beisitzer sind HORNBOSTEL als juristischer Berater des Gouvernement Militaire, Jean Maxime PUCHOIS, Lieutenantcolonel der Besatzungstruppen und GIELB, Capitaine der polnischen Armee.

Das Tribunal Général ist demnach fast paritätisch besetzt mit Juristen, Richtern aus dem Zivilbereich, wie Militärs, wobei auf den Proporz bei den Angehörigen der Siegermächte geachtet ist, denn Frankreich, Luxemburg, Polen, Belgien sind vertreten.

Unter den ersten 50 Angeklagten war laut Liste in der nicht amtlichen Übersetzung[9] Paul Marek als der 11. Angeklagte aufgeführt, während des Prozessverlaufs nahm er als 15. Angeklagter zu den Vorwürfen Stellung. Als 15. Angeklagter ist jedoch laut dieser nichtamtlichen Übersetzung der ehemalige Lagerführer Paul Olesch gekennzeichnet, so dass die Möglichkeit des Verwechselns, so wie sie im Verlauf des Prozesses bei der Zeugenaussage von Leon Boutbien beschrieben ist, von Anfang an bestanden zu haben scheint, und zwar wegen der Parallelität der beiden Vornamen. Auf dem Rastattbild kann man sehen, dass die Nr. 15 nicht Paul Marek ist (s.Bild).

---

7   Deigendesch S.35. – Vgl. Süddeutsche Zeitung vom 11.12.2020 Nr.287, S.32.

8   Archiv de Tribunal Général de Rastatt, Dossier Nr.9, S. 7 Ière Instance Ie Série Camps Wurtemberg. In: 004a Prozess Rastatt-AJ-C 4028-4034. Das Dokument Jugement Nr.9/47 ist dem Buch von Yveline Pendaries, Le Procés de Rastatt, 1995 entnommen, dort als „Annexe 12" des „Tribunal Général" S. 319. Die Verfasserin ist die Tochter des Richters Jean Ausset.

9   Die Übersetzung wurde von Willi Dreßen, Staatsanwalt bei der „Zentralen Stelle" in Ludwigsburg, am 8.März 1984 unterzeichnet.

II
Tribunal Général

Jugement N°9/47
Camp du Wurtemberg - 1ʳᵉ série :
SCHOMBERG - ERZINGEN - SCHORZINGEN - DAUTMERGEN -
SPAICHINGEN -

Procès du 9 décembre 1946 au 1. février 1947
50 accusés
31 audiences
203 témoins
242 pages de procès-verbal.

Composition du Tribunal :

Président	AUSSET Jean, Président de chambre à la Cour d'appel de Paris,
Juges	DRAPPIER Jean, Conseiller à la Cour d'Appel de Paris,
	LEVY Gustave, Président de chambre,
	HALLER Marguerite, Juge au Tribunal Général.,
	HAMMES, Major de l'armée luxembourgeoise.
Juges assesseurs	HORNBOSTEL, Conseiller juridique au G.M.,
	PUCHOIS Jean Maxime, Lieutenant-colonel des troupes d'occupation,
	GIELB, Capitaine de l'armée polonaise.

Pour le Ministère Public :

Commissaires du Gouvernement	GRANIER Joseph,
	BUHOT Paul,
	PINEAU Jean-Paul,
Substitut	M. de RIPAINSEL, Magistrat belge.
Greffiers	MM. GRAATZ et POIROT.

Trois interprètes de langue allemande et deux de langue polonaise.

Verdict :

peines de mort	21
T.F. à perpétuité	6
20 ans de T.F.	6
10 ans de T.F.	8
5 ans de prison	5
3 ans de prison	1
1 an de prison	2
acquittement	1

319

JUGEMENT N 9/47 CAMP DU WURTEMBERG -1ERE SÉRIE

Ankläger und leitender Staatsanwalt des Rastatter Tribunals war der Regierungskommissar Joseph Granier, dessen Rolle in dem Film von Judith Voelker gewürdigt wird[10], im Dokument als Commissaire du Gouvernement für le Ministère Public bezeichnet.

Bereits in der Sitzung vom 11. 12. 1946, als es eigentlich um das KZ Schörzingen ging, wurde Julien Hagenbourger als 16. Zeuge zu den Wächtern befragt, denn er war vorher in Erzingen gewesen: "Ich habe Marek in Erzingen gekannt. Er hat die Häftlinge geschlagen...er war in Zivil. Er nahm seine Verpflegung im Lager ein. Ich habe am Aufbau des Lagers Erzingen unter dem Befehl von Marek mitgearbeitet, und wir waren sechs, um Schienen zu tragen; er wollte niemals, dass wir ausgewechselt wurden"[11]. Von den Daten her ist Hagenbourgers Arbeiten unter Marek z.B. beim Barackenaufbau in Erzingen möglich, jedoch ist es bezeichnend, dass der Zeuge, eine Zeitlang Schreiber beim Lagerkommandanten Olesch, ohne danach gefragt zu sein, sofort auf die Schienen hinweist, die den Tod bei dem Unfall verursacht hatten. Am Tag des Unglücks im November war Hagenbourger, wie er selbst gesagt hatte, seit dem 21. Juni 1944 gar nicht mehr in Erzingen. Deshalb wird deutlich, dass sich die ehemaligen Gefangenen vor der Aussage ausgetauscht haben, um den Prozess in eine bestimmte Richtung zu lenken.

In der Sitzung vom 12. Dezember 1946 wurden die Zeugen zu den Zuständen im NN-Lager Erzingen[12], zu den Arbeiten und zu Paul Marek befragt. Adrien Bernaud[13]sagte als 24. Zeuge zu den Arbeitsbedingungen, sozusagen als Begründung und Vorbedingung für den späteren Unfall: „Die Arbeit war außerordentlich müh-

---

10   Der Film wurde am 4.5. 2021 auf dem französisch-deutschen Sender ARTE ausgestrahlt und lädt zur Diskussion ein.

11   Hagenbourger/Lempp: Aus schwerem Traum erwachen..S.31 und bei Opfermann, Jan, ist der Führer tot?, a.a.O. S.18. Julien Hagenbourger war bis zum 6. Juni 1944 kurzzeitig Schreiber unter Olesch, bis am 21. Juni 1944 die „Häftlingsbelegschaft des Lagers Erzingen vollständig ausgewechselt" wurde.

12   Der Nacht-und-Nebel-Erlass, herausgegeben durch von Keitel im Auftrag Hitlers über die „Richtlinien für die Verfolgung von Straftaten gegen das Reich oder die Besatzungsmacht in den besetzten Gebieten" hatte bereits im Nürnberger Prozess eine wichtige Rolle gespielt, allerdings war er für Marek wohl kaum anwendbar, könnte jedoch angesichts des Charakters des Erzinger Lagers für politische Häftlinge implizit wichtig geworden sein.

13   Adrien Bernaud, Natzweiler-Nummer 4557, gehörte dem ersten Transport nach Erzingen mit der Nr. 21 an. Erste Seite des Häftlingsbestandbuchs, abgedruckt bei Opfermann, Jan, ist der Führer tot? a.a.O. S. 108.

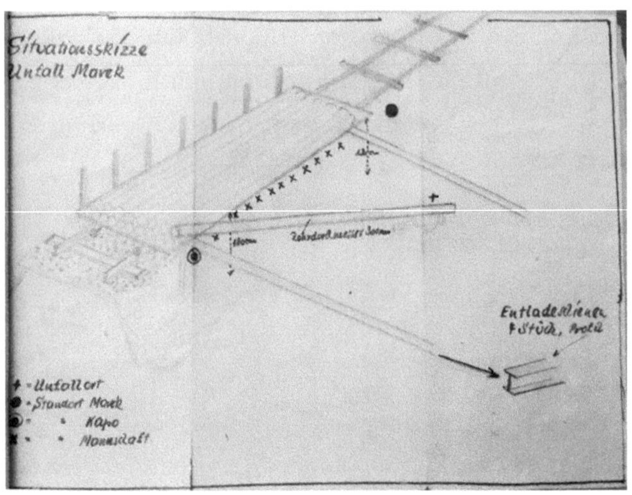

Situationsskizze zur Klärung des Unfalls, bei dem der Belgier Groenvoet zu Tode kam.
Aus den Prozessakten zu Paul Marek in Courneuve, überlassen von Judith Voelker.

sam und sehr lange. Das Material kam sehr schnell an, und wir mußten Überstunden machen, und oft arbeiteten wir bis in die Nachtstunden (11.00 Uhr oder Mitternacht). Wir entluden Waggons mit Material und beluden uns mit Material, um eine Ölfabrik zu bauen"…. „Marek war ein Zivilchef in Erzingen. Er schlug die Russen und die Polen. Er wagte es niemals, die Franzosen zu schlagen. Wir haben uns nie seinen schlechten Manövern ausgesetzt, und Marek konnte die Deportierten nie zum Arbeiten bringen, ohne zu schlagen. Er bewunderte die Starken und schlug nur die Schwachen. Er hat mir niemals etwas gesagt, aber ich weiß, daß Marek für den Tod eines belgischen Kameraden verantwortlich ist. Das war beim Entladen eines Waggons mit Rohren. Die Halter des Wagens waren weggenommen. Es war nur ein einziger übrig. Er schickte einen belgischen Gefangenen, um diesen letzten zu entfernen. Das war sehr gefährlich. Er nahm ihn weg, und alle Rohre fielen auf ihn. Er wurde zermalmt. Marek hat sich in einer bestialischen Art aufgeführt und ist verantwortlich für diesen Mord"[14].

---

14   Nicht autorisierte deutsche Übersetzung des Proces Verbal, S.56 f. vgl. Anm 16.

Der Zeuge, identifiziert als „Generalsekretär des Bergwerksyndikats der C.G.T.[15] in Briey (Meurthe et Moselle)", spricht, wenn er den Begriff „Mord" verwendet, eine Tötungsabsicht und Hinterlist Mareks aus, wahrscheinlich sich selbst verbal radikalisierend entweder bereits bei der Vorbereitungen zur oder direkt während der Prozess-Aussage. Am Ende werden seine Worte differenzierter und räumen die Unfallmöglichkeit ein: „Es gab alle Tage Unfälle in den Kommandos, und Marek ist verantwortlich für den Tod des Belgiers, weil er nicht die nötigen Vorsichtsmaßnahmen getroffen hat. Wir hatten nur Ruhepause, wenn die Lastkraftwagen verspätet ankamen und wohlgemerkt, wenn niemand sich auf der Baustelle befand"[16]. Dass die sowjetischen Kriegsgefangenen des Lagers auf dem Hungerberg in Erzingen vom Wachpersonal anders behandelt wurden als die NN-Häftlinge in der „Zebra"-Kleidung, ist bekannt. Wenn er von „Polen" spricht, mutmaßt er die Nationenzugehörigkeit, weil in den Erzinger Lagern fast keine polnischen Gefangenen waren. Der Zeuge täuscht sich bei der Häufigkeit der Unfälle ebenso wie bei dem Transportmittel für die Röhren. Während des Prozesses wurde eine „Situationsskizze Unfall Marek"[17] gezeigt, die Klärung über den „Standort Marek, Standort Kapo, Standort Mannschaft" und den „Unfallort" bringen sollte. Dort ist kein Lastwagen, sondern ein Eisenbahnwaggon auf Schienen gezeichnet. Die Skizze verdeutlicht, dass die „180cm" langen Röhren mit einem „Rohrdurchmesser (von) 300mm" über vier „Entladeschienen" herabrollen sollten. Von den Wetterverhältnissen ist nicht die Rede, die möglicherweise die Situation erschwert hätten, denn es gab fast keine Niederschläge an diesem Tag.

Henri Galloni, der 27. Zeuge, erklärte: „Manchmal und genügend häufig arbeiteten wir am Sonntagvormittag und am Nachmittag. Es ist Marek, der uns arbeiten ließ. Er ist ein Bandit. Ein Belgier ist auf dem Bahnhof durch seinen Fehler getötet worden. Ich war in diesem Kommando, und ich sah den Unfall sich ereignen"[18].

---

15 CGT= Confédération générale du travail, französischer Gewerkschaftsbund, nach dem Krieg Nähe zur kommunistischen Partei.

16 Proces Verbal S.59.

17 Die Skizze wurde dem Verfasser freundlicherweise von Judith Voelker bei deren Besuch überlassen: sie stammt aus den französischen Archiven in Courneuve (s.u.), das diese vor Corona besucht hatte.

18 Proces Verbal S.63.

Zwei Aussagen mit sehr unterschiedlichen Bezeichnungen stehen sich gegenüber:

Es war nicht zu klären, für wessen Aussage die Skizze entstanden ist, jedoch kann die Entgegnung des Angeklagten Marek gegen die Einschätzung Gallonis möglicherweise eine Rolle gespielt haben. „Der Angeklagte erklärt, daß der Zeuge lügt und daß er alle Vorsichtsmaßnahmen getroffen habe sowie daß sich niemals in den sechs vorangegangenen Monaten vor diesem Unglück ein Unfall ereignet hätte. Daß er die Arbeit der Häftlinge erleichtert und so leicht wie möglich verteilt habe und daß der Belgier in seiner Schicht schwer verletzt worden sei und sich den Schädel gebrochen hätte, weil er gefallen sei und eben nicht von den Rohren zerschmettert worden sei, wie der Zeuge vorgebe"[19].

In den Zeugenaussagen vor Gericht ging es darum, die Angeklagten als Täter zu charakterisieren, weil einige von ihnen ja bereits aus dem Stammlager Natzweiler bekannt waren, und deshalb war klar, dass auch ein „Zivilchef" wie Marek im Vergleich zu diesen gekennzeichnet wurde. „Ich werde von dem brutalsten sprechen, und das ist ein zu zartes Wort für Marek. Er ist verantwortlich für unser Unglück. Er hat mich eines Tages, als ich gefallen war, mit Stockschlägen hoch getrieben und ich bin durch seinen Fehler zum Krüppel geworden. Ich wurde paralysiert, weil er mich geschlagen hat. Wir nannten ihn „Croquignol"(=Nasenstüber oder Liebling)"[20]. Andere Zeugen wie Eduard Boulanger, in der Liste des Häftlingsbestandbuchs direkt hinter Adrien Bernaud, sagte zum Charakter Mareks aus: „Er war heftig, dem Temperament nach. Er wollte die Franzosen ausrotten und bemühte sich, die härtesten Arbeiten zu finden. Wenn ich von Franzosen spreche, spreche ich auch von Belgiern, Holländern und Norwegern"[21]. Dass diese politischen Gefangenen insgesamt gemeint sind, verallgemeinert auch den dann wohl mündlich überlieferten Inhalt der Aussage. Konkreter im Bezug auf den Unfall und die Motivation Mareks wird René Gascard, der bei der Befragung hinzufügte, „daß es die Tatsache, eine Prämie für das schnelle Entladen des Waggons zu erhalten, gewesen ist, die Marek dazu

---

19 Ibidem S.63 f. In der nicht autorisierten Übersetzung des Proces Verbal ist auch fehlerhaftes Deutsch im Bezug auf die Regeln der indirekten Rede möglich.

20 aul Gobert als 26. Zeuge. Ibidem S.63. – In den Prozessakten ist diese Bezeichnung für Marek sichtbar.

21 Eduard Boulanger, Natzweilernummer 4564, Nr.22 des ersten Transports nach Erzingen vm 22. Juni 1944.

aufgestachelt hat, so zu handeln"[22]. Die Wut auf Marek zeigt sich in Übertreibungen und Widersprüchen der französischen Häftlinge aus Erzingen. Einer der älteren war Max Heilbronn, geb. am 17.12. 1902, Nr. 19122[23], der mit dem Transport vom 12. Juli 1944 nach Erzingen gekommen war: „Ich war unter seinem Befehl Kapo. Unter seinem Befehl gelang es mir, ein Übermaß der Arbeit zu vermeiden, aber sehr oft hat er sich unmenschlich aufgeführt, entweder durch Mangel an Vorsichtsmaßnahmen, durch sein Verlangen nach unmenschlicher Arbeitsleistung und durch seine Brutalitäten. Der Zeuge erinnert sich an den Unfall auf dem Bahnhof, von dem er reden gehört hat, und erklärt, daß die Zeugen dieses Unfalls ihn Marek angelastet hätten"[24]. Max Heilbronn fährt dann in seiner Aussage fort, sucht in charakterlicher Schwäche Mareks Gründe für sein Verhalten: „Er war dem Leben seiner Männer gleichgültig; er war jähzornig, und es ist nicht durch Ignoranz, daß dieser Unfall stattgefunden hat. Für die unerfahrenen Häftlinge war die von ihm verlangte Arbeit übermäßig. Die Mißhandlungen, die er begangen hat, haben nicht sofort und unmittelbar den Tod herbeigeführt. Sein allgemeines Betragen bei der Arbeit ist genauso vorwerfbar wie seine Brutalität, denn das eine und das andere hat Todesfälle herbeigeführt"[25].

Bemerkenswert ist diese Einschätzung deshalb, weil er vom Unfall „gehört" hat, weil er die Unerfahrenheit der Neuen, die sich nicht wie er selbst vor zu viel Arbeit hätten schützen können, als möglichen Grund für den Unfall anführt. Dass sich Heilbronn als Kapo der Arbeit auch zeitweise habe entziehen können, spricht dafür, dass Marek bei bestimmten Gefangenen gar nicht so streng war; das betrifft also auch den ihm angelasteten Unfall, der im Wortsinn ja eine Schuld ausschließt. Der Plural „Todesfälle" widerspricht den Tatsachen, denn in Erzingen war die Todesrate sehr gering.

---

22 René Gascard als 29. Zeuge, Proces Verbal S. 67.

23 Häftlingsbestandsbuch S.12, abgedruckt bei Opfermann, Jan,ist der Führer tot?...S.113.

24 Deutsche nicht autorisierte Übersetzung des Proces Verbal, a.a.O. S.68. Max Heilbronn ist der 30.Zeuge.

25 Ibidem S. 69.

In einem handgeschriebenen Brief an seine Verteidigerin Dr. Kloninger [26]vom 23. 2. 1947, also drei Wochen nach dem Urteil, setzt sich Paul Marek besonders mit der Situation des Abladens und der Aussage Max Heilbronns auseinander, den er im Brief an die Verteidigerin(!)direkt anredet:

„Gerade in Erzingen war es mit dem Ausladen der schweren Stücke Garnicht so einfach denn ein krann (="Kran") und Hebezug war nicht da. Von verschiedenen Deportierten wurde ja das laute schreien als grob und brutal bezeichnet. Durch das Hämmern und auch das Lärmen andre(r) auslade kommandos neben un(s) war man manchmal gezwungen zu brüllen und manchmal den Einen oder einen Schupps oder ein Stoß gegeben habe wen er nicht aufgepaßt hat. Bei einer schweren Arbeit muß jeder aufpassen. Es war jeden Tag gewesen wo ich für die Ausladekommando aus der OT Essen geholt habe Kartoffeln Brot Milch und von Bauern organisiert habe…" „Herr Heilbronn sie werden auch wohl gewußt haben daß Marek füll Holz u. Kohle von andern Firmen organisiert hat war im Lager den ganzen Winter warm gewesen daß habe ich alles organisiert. Marek war kein Soldat u. in der Partei u. SS auch nicht betedigt und auch nicht bei der OT…Nun geehrter Heilbronn ich bitte sie Herzlich auf einem gesonderten Bogen ein zeugnis zu schreiben und das gute heraus zu schr(e)iben was für mich ein Gnadengesuch nützlich ist"[27].

Der Brief zwischen Urteilsverkündung und -veröffentlichung hatte keine Bedeutung mehr, weil der Prozess entschieden war, zeigt jedoch die tiefe Enttäuschung Paul Mareks, dass bestimmte Fakten – Marek versucht sogar mit „Stoß" und „Schubs" den französischen Übernamen „Croquignol" – Nasenstüber zu erklären – überhaupt nicht berücksichtigt wurden, die ihn als vermeintlichen „Kriegsverbrecher" entlastet hätten.

Wenn Marek den Begriff „Stoß" verwendet, bestätigt er Vorkommnisse, die Bernard Hemmer, der holländische Blockälteste, in seinem selbstgemachten Kalender als wichtig eingetragen hatte, nämlich einen für ihn in der Lagerhierarchie Höher-

---

26 Zum gesamten Komplex des Rastatter Prozesses vgl.Andreas Zekorn, Todesfabrik KZ Dautmergen Ein Konzentrationslager des Unternehmens „Wüste", Landeszentrale für politische Bildung 2019; besonders das Kapitel Juristische Aufwarbeitung der Verbrechen, S.331 Anm. 824. Hier ist von Helga Kloninger die Rede,.

27 Brief an „Fräulein Dr. Kloninger" „Rastatt den 23.2. 47" Kreisarchiv Rastatt Blätter zu Helga Kloninger. G/IVL Stödter Nr.19 „Marek". Das Deutsch und Rechtschreibung beibehalten.

Bernard Hemmer, Blockältester der Holländer, konnte in einem selbstgemachten Kalender Ereignisse des Lagerlebens eintragen: Für den 13. Februar hält er den „klap in Gesicht" fest, der ihm von Paul Marek zugefügt wurde. 3. März STomp Marek

gestellten völlig überraschenden „KLAP IN GEZICHT"(=Schlag ins Gesicht) am 13. Februar 1945 und einen „STOMP"(=Stoß) am 3. März 1945, bei dem er auch den Namen des Stoßenden aufgeschrieben hatte, „Marek"[28]. Allerdings wurde Bernard Hemmer nicht als Zeuge vernommen.

Denn am gleichen Tag, dem 13. 12. 1946, hatte bereits als 28. Zeuge Planduis Meurer ähnliches wie Heilbronn ausgesagt: „Ich war nicht am Bahnhof, als der Belgier getötet wurde, aber ich habe sagen hören, dass es der Fehler von Marek war"[29]. Ob die aufgerufenen Zeugen in Rastatt sich vorher sehen und miteinander sprechen konnten, ist fraglich, jedoch ist gewiss, dass die Einschätzung des Lagerarztes Léon

28   Opfermann, Jan ist der Führer tot? S.44
29   Proces Verbal S. 65. Planduis Meurer war als erster an diesem Tag vernommen worden.

Boutbien, der in dem besagten Brief an Helga Kloninger erwähnt ist, sehr wichtig war. Er war genauestens über die gesundheitliche Situation der Häftlinge im Bilde, weil er alle durch die kleine Krankenstation schleuste, damit sie sich von den Strapazen der Arbeit erholen sollten[30]. Deshalb war bekanntermaßen die Todesrate im KZ Erzingen sehr niedrig, und aus diesem Grund war der Tod des Marcel Groevoet eine Neuigkeit und in aller Munde. Dass Boutbien den Toten in seiner Krankenstation gesehen hat, ist wahrscheinlich.

Als kommunistischer politischer Häftling sammelte Léon Boutbien für die Nach-KZ-Zeit Dokumente und Hinweise, um selbst Beweise für bestimmte Tatsachen der Faschisten erbringen zu können. Vor seiner Zeugenaussage in Rastatt erklärte er, „Dokumente verschiedene Lager in Württemberg betreffend" dem Gericht übergeben zu wollen. Dieses lobt er dann auch als Einleitung zu seinen umfangreichen Ausführungen: „Vor meiner Aussage möchte ich der französischen und der alliierten Justiz meine Anerkennung und Dankbarkeit ausdrücken. Wir haben lange Zeit daran gezweifelt, ob es möglich sein würde, eines Tages in voller Klarheit und vollem Licht die Verantwortlichkeit für die Hitlerverbrechen festzustellen. Ich möchte sagen, daß ich mit Objektivität sprechen...und niemals vergessen werde, daß es dank des Geistes der Zusammengehörigkeit ist, daß man den Mord so vieler Männer hat vermeiden können, durch den Hitler-Deutschland sich entehrt hat"[31]. Bevor er zu den einzelnen Angeklagten etwas sagt, macht er grundsätzliche Bemerkungen zu den KZ: „Das Lager Frommern war vielleicht besser als Erzingen. Es ist schwierig, eine Würdigung des Ganzen geben zu können, wenn man nicht das Klima in jedem der Lager kannte. Was das menschliche Bewußtsein am meisten ins Staunen setzt, ist, daß die Qualität, menschlich zu sein, in den Konzentrationslagern nicht anerkannt wurde. Wir gehörten nicht mehr zur menschlichen Art. Wir waren eine Art Hybridwesen, die zwischen Tier und Mensch stand. Das menschliche Leben zählte nicht mehr und hatte überhaupt keine Bedeutung mehr. Man gebrauchte es, und man mißbrauchte es"[32]. Ob dies auf Paul Marek zu beziehen ist, kann man bezweifeln, weil Marek wohl

---

30 Zu Léon Boutbien findet sich ein ganzes Kapitel bei Opfermann, Jan, ist der Führer tot? a.a.O. S.81 ff.
31 Wie Anm. 27, S. 70 ff.
32 Ibidem S.71.

nicht verantwortlich ist für die zitierten „Hitlerverbrechen", allerdings war die Solidarität zwischen den politischen Häftlingen im Lager Erzingen sehr groß, im Prozess ging es um Verbrechen an diesen (s.o.). Boutbien gehörte als Arzt zu den angesehensten Männern, zur „Direktion" in der Häftlingshierarchie des Lagers. Er war der deutschen Sprache mächtig und hatte als politischer Häftling und Intellektueller Durch- und Weitblick, was er bei seiner Aussage unter Beweis stellte: „Infolge einer Namensverwechslung bin ich dazu geführt worden, zugunsten Mareks auszusagen, weil sein Vorname Paul[33] war. Ich habe mich geirrt. Es ist ein anderer mit dem Vornamen, von dem ich sprechen wollte. Marek ist immer ein brutaler Mensch gewesen. Wir nannten ihn „Croquignol". Er fühlte sich lächerlich gemacht, und er glaubte sich einer hohen Mission beauftragt. Er hielt die Häftlinge für Tiere. Er haßte die Priester und die Intellektuellen. Direkt oder indirekt ist er für den Tod von Kameraden infolge übermäßiger Arbeit, die er ihnen auferlegte, verantwortlich. Was den Unfall im Bahnhof, der dem Belgier Marcel das Leben kostete, angeht, muß ich sagen, daß Marcel ermüdet war und daß er vielleicht nicht die psychologischen Reaktionen eines normalen Menschen hatte, um den Unfall zu vermeiden"[34].

Damit sich die französischen Häftlinge aus Erzingen, die nun vor Gericht aussagten, auch der richtigen Männer und deren Taten erinnerten, hatten sie ihnen während der KZ-Zeit Übernamen gegeben: z.B. „Croquignol" ="Nasenstüber"oder „Liebling" für Marek, weil er wohl die entsprechenden Schläge auf den Kopf austeilte. Im Brief an Frau Kloninger spricht Marek selbst von „Schupps" und „Stoß", „Jules" = für Paul Olesch, den Lagerkommandanten, der häufig betrunken war, „Jo la matraque" = „Jo der Gummiknüppel" oder „Jo la terreur" = „Jo der Schrecken" für Herbert Oehler bereits in Natzweiler, „La grande carabine" = der „große Karabiner" für Simon Kellinger[35], der in den Prozessunterlagen als „alias Mitraillette" bezeichnet ist. Dieser Name wurde ebenso Karl Rieflin zugeordnet, der als „mitraillet-

33 Gemeint ist der Lagerkommandant Paul Olesch, der oft betrunken war: sein französischer Übername war „Jules", von dem Boutbien positiv spricht.

34 Nicht autorisierte deutsche Übrsetzung des Proces Verbal, S.73.

35 Simon Kellinger wurde zu 10 Jahren Zwangsarbeit verurteilt „Ich wurde aber dann später begnadigt, und am 24. 3.1951 vom Franzosen entlasssen", Aussage vor dem Kriminalkommissariat Stuttgart am 2.10 1968. „Marek lag mit mir in der gleichen Zelle im Gefängnis Wittlich". Bundesarchiv B 162/ 3956.S. 201 ff.

Portrait des Lagerarztes Léon Boutbien, das Julien Liewevrouw mit dem Datum 12.11.44 versieht. Es zeigt ihn mit dem roten Dreieck des französischen politischen Gefangenen und der Häftlingsnummer 4463. „Au docteur Boutbien. Ton dard nous pique, Tes ciseaux nous coupent, Tes drogues nous guerissent" (Für Doktor Boutbien. Deine Nadel piekst uns, Deine Schere schneidet uns, Deine Arznei macht uns gesund.)

te" = Maschinenpistole bezeichnet wurde, wohl wegen seiner schnellen Sprechweise und wegen seines Hantierens mit der Waffe. Diese Namen sind also die Täter identifizierende und Verwechslungen vermeidende Bezeichnungen, die sofort die entsprechenden Erinnerungen erwecken sollten. Die Beurteilung des Unfalls durch Boutbien jedoch differenziert zwischen dem Charakter Mareks einerseits und der Müdigkeit des Getöteten andererseits, beides ist aber nicht als Entschuldung für Marek gemeint, obwohl zu fragen ist, woher seine Einschätzungen über den Charakter Mareks stammen und wie sie zu bewerten sind. Erst viel später sagte Anton Geisl, ein ehemaliger Wachmann des KZ Erzingen, in einer Vernehmungsniederschrift von 1968 aus, dass Paul Olesch (also der andere Paul!)„rücksichtlos und brutal Häftlingen gegenüber" gewesen sei, einen Häftling „schlug er in meiner Anwesenheit mit einem geschnitzten Holzknüppel mehrmals auf den Kopf", und „nachdem er mir eine Strafpredigt erteilte, schlug er den Häftlingen das Essen aus den Händen und zum Teil aus dem Mund"[36]. Ob über zwanzig Jahre nach den Geschehnissen sich der ehemalige Wachmann an Olesch richtig erinnert, oder ob die Taten Oleschs Paul Marek im Rastatter Prozess zugeschrieben wurden, ist nicht mehr nachzuweisen. Das Schlagen und der Knüppel sind bei den Aussagen der französischen Zeugen erwähnt, und merkwürdig ist ohnehin, dass Léon Boutbien von der Verwechslung der beiden Männer Paul Olesch und Paul Marek spricht: Dessen Verurteilung sollte in jedem Fall sein, das hatte sich der Arzt des Lagers vorgenommen. Später, nach der Verurteilung, scheint Léon Boutbien seine Beurteilung Mareks geändert zu haben, denn in den Papieren Helene Mareks findet sich ein Zettel, allerdings ohne Datum, mit einer anderen Einschätzung.(s.u.)

Während des Prozesses urteilt der sehr viel jüngere 33. Zeuge Jean Mergey wohl unter Boutbiens Einfluss dann auch eindeutig: Marek „ist ein Krimineller, ein Mörder. Er hat nach diesem Unfall nicht reagiert. Er hat einfach gesagt, man solle den Toten ins Lager zurückbringen, und das war alles"[37]. Die Erschütterung über den Tod eines gefangenen Kameraden und die Gleichgültigkeit glaubt man in der Aus-

---

36 Anton Geisl, geb. 31.3. 1909, bei einer Vernehmungsniederschrift München den 29.7. 1968, Bundesarchiv B 162 / 3956 S. 157f. und S. 158.
37 Proces Verbal S. 76 f.

sage noch immer zu spüren.

Weil die Gefangenen, allerdings nach Nationen und nach ehemaliger politischer Provenienz getrennt, auch in der Nach-KZ-Zeit in Kontakt blieben und sich wechselseitig ihre Erlebnisse bestätigten, ist es nicht verwunderlich, dass die Aussagen im Prozess sehr ähnlich waren, weil sie verständlicherweise nicht unbedingt der Klarheit und Wahrheit, sondern dem Zweck dienten, ihre Peiniger zur Rechenschaft zu ziehen. Außerdem war zu diesem Zeitpunkt schon das Bestreben der ehemaligen Häftlinge sehr ausgeprägt, wer was in wessen Namen über ihre Zeit in den KZ berichten sollte.

Die Portraits und Geburtstagskarten, die im KZ Erzingen gemalt und gezeichnet worden waren, zeigen den Zusammenhang der Prozess-Zeugen untereinander. Max Heilbronn hatte die Karte von allen Franzosen, aber auch eine besondere speziell für Léon Boutbien unterzeichnet, „ A Max Heilbronn" ist das Gedicht gewidmet, das Boutbien im Lager Erzingen am 2./3. September 1944 geschrieben hatte, „Espoir", in dem die Tatsache gefeiert wird, dass „Paris est libéré"[38]. Dort in Paris arbeiteten beide aux GALERIES LAFAYETTE. Mit dieser Adresse auf Büttenpapier bekam auch ein anderer Erzinger Häftling, der Belgier Louis de Gunsch, am 24. 12. 1946 Post von Max Heilbronn. Er schreibt dem Freund: „Ich war Teil einer Gruppe von Kameraden, die ich heute gesehen habe: den Doktor, Yves, Maurice[39]...Weißt Du, dass wir nach Rastatt (bei Baden-Baden) gegangen sind für das Gericht einiger unserer Wächter in Erzingen: Jules, Croquignole, la grande carabine, etc...Ein Richter war übrigens Belgier. Das Urteil wird ungefähr am 15. Januar verkündet werden... mein lieber Gunsch, meine aufrichtigsten Grüße Max"[40].

Heilbronn war im Gegensatz zu de Gunsch ca. ein Jahr nach der Befreiung in Erzingen gewesen, hatte bereits in einem Brief vom 6.6. 1946 von Bildern gespro-

---

38 Léon Boutbien LE GOUROU, September 1953 im Selbstverlag. Überlassen von Martine Boutbien. Bei diesem Titel der Gedichtsammlung meint Boutbien ironisch sich selbst, wenn er von Gourou spricht. Das Gedicht ist ja zu dem Jahrestag des 2./3. September erschienen.

39 „Der Doktor" ist Léon Boutbien, Nr. 4463, geb. 25.2.1915, Yves Maurice, Nr. 19163, geb. 7.6. 1906 war Mitglied des gleichen Transports vom 12.7. 1944 wie Max Heilbronn; im „Häftlingsbestandsbuch"als „Zugang 12.7.1944" vom Lagerältesten Cleton festgehalten auf Seite 12, abgedruckt bei Opfermann „Jan, ist der Führer tot", S.113.

40 Max Heilbronn an Louis de Gunsch. Originalbrief im Besitz des Verfassers, überlassen von Richard de Gunsch.

Das Bild zeigt Max Heilbronn mit einem „Leiterwägele" vor der großen Baracke des KZ Erzingen:
Das Bild wurde am 6.6.1946 aufgenommen

chen, die er in Erzingen gemacht und Louis de Gunsch geschickt hatte.

Es gab also ebenso Kontakte mit Nicht-Franzosen zu Rastatt, im Bewusstsein, dass alle ehemaligen Erzinger interessiert seien, welche Strafen die Rastatter Prozess-Richter für die ehemaligen Bewacher und möglichen Täter verhängen würden. Ebenso spielte (noch) die gemeinsame kommunistische Gesinnung der ehemaligen Leidensgenossen eine Rolle.

Als Zeugen der Verteidigung wurden auf Bitten Mareks zu seiner Entlastung am 8. Januar 1947 Hans Noatsch und Franz Gruber vernommen, beide „im Gefängnis Rastatt wegen Kriegsverbrechen inhaftiert". Noatsch, vom 28.8. 1944 bis 14. 4. 1945 „Wachmann im Lager Erzingen", wurde besonders zu den Arbeitszeiten befragt: „Man arbeitete von 7.00 – 12.00 Uhr und von 13.00 – 18.00 Uhr (Sommerarbeitszeit) mit Pausen von 9.00 – 9.15 Uhr und von 15.00 – 15.15 Uhr. Man konnte bis 21.30 Uhr arbeiten, wenn Waggons zu entladen waren. An einem einzigen Tag ist bis Mitternacht gearbeitet worden. Es gab dafür eine zusätzliche Suppe....Im Bahnhofskommando gab es Ruhezeiten, wenn die Waggons abgeladen waren und man die Ankunft der anderen erwartete". „Ich habe Marek Verpflegung für die Häftlinge holen sehen".

Franz Gruber, Wachmann in Erzingen vom 16. 5. 1944 bis 18. 4. 1945, bestätigte die Arbeitszeiten, aber „man arbeitete niemals bis Mitternacht", weil „der Block um 21.00 Uhr geschlossen" wurde. „Ich habe ein Schreiben unterzeichnet, das uns verbot zu schlagen oder einen Stock zu tragen. Man hat niemals im Lager getötet"[41].

Das Konzept der Official-Verteidigerin Dr. Helga Kloninger, Tübingen, Doblerstraße 1, war möglicherweise, insgesamt Zweifel an einer Absicht Mareks den Unfall betreffend zu säen, die Aussagen zur Müdigkeit und Unerfahrenheit des Getöteten zu bestärken.

Laut Proces Verbal erklärte am 14. Januar 1947 Paul Marek als 15. Angeklagter seinen Fall selbst: die Problematik, ob 11. oder 15. Angeklagter, ist oben beschrieben[42], die Namensgleichheit des Vornamens Paul von Marek und Olesch könnte auf eine Verwechslung hindeuten. In den Dokumenten des Prozess-Archivs ist Marek immer die Nummer 11: „Ich hatte 15 Häftlinge unter meinem Befehl. Ich konnte mir darüber klar werden, daß sie erschöpft waren. Ich habe getan, was ich konnte, um ihre Arbeit zu erleichtern. Die Arbeiten waren schwierig. Man hat auf dem Bahnhof schweres und schwierig zu handhabendes Material abgeladen. 4 Häftlinge arbeiteten, 8 sahen zu. Ich benutzte einen Wagenheber, um die Arbeit zu erleichtern. Es war dieses Instrument, das mir die meisten Dienste leistete. Nach der Arbeit führte ich mein Kommando zur Küche der Organisation Todt, ich ließ ihnen Essen geben. Die Männer arbeiteten nicht viel auf meiner Arbeitsstelle. Ich habe nicht geschlagen, aber gestoßen, um zur Arbeit anzutreiben. Es gab keine Leistungszulage, aber man gab uns – entsprechend der geleisteten Arbeit – Tabakbons". „Im November 1944 habe ich die Leute, die bei mir arbeiteten, über die Gefahren der Arbeit instruiert. Man mußte 6 Wagenwände herunternehmen. Fünf ließen sich leichter

---

41   Es sind der 131. und der 133. Zeuge. Nicht autorisierte deutsche Übersetzung des Proces Verbal, S. 192 ff.

42   Anm.38.

herausnehmen. Man traf Vorsichtsmaßnahmen, um die 6. wegzunehmen. Ich habe gesagt: ‚Achtung'! Alles lief beiseite. Der Belgier wurde von einer Walze am Fuß erwischt und diese ging über ihn. Man brachte ihn zum Revier, um ihn zu versorgen. Ein Eisenbahnangestellter hat hier erklärt, daß er von dem Unfall wisse. Seine Angaben sind richtig. Ich habe nie geeignete Werkzeuge gehabt, die uns zum Ausladen so schwerer Materialien hätten dienen können"[43]. Bereits ein Jahr vorher, als Marek noch im Internierungslager Balingen war, hatte nämlich der Bahnangestellte Karl Stier am 14.12. 1945 eine Erklärung zu dem Unfall abgegeben, die eine große Nähe zu Mareks Schlusswort zeigt:

„Während des Winters 1944/45 war ich Hilfs-Weichensteller auf dem Erzinger Bahnhof....Ich habe mehrmals gesehen, wie er (Paul Marek) mit Gefangenen auf dem Erzinger Bahnhof Eisenbahnwagen zu entladen hatte. Es mag im Januar 1945 gewesen sein , als er einen mit Röhren beladenen Eisenbahnwagen (4 achsig) auf Gleis 1 des Erzinger Bahnhofs zu entladen hatte. Ich hatte gerade Dienst und als ich zufällig auf den Bahnsteig trat, hörte ich Marek den Gefangenen mehrere Male zurufen: ‚Achtung, daß nichts passiert, seid sehr vorsichtig'. Ich glaube auch, daß ein Dolmetscher zugegen war. Nachdem Eisenbahnschienen angebracht worden waren, entfernte einer der Gefangenen die Runge, um die Rohre vom Wagen zur Erde gleiten zu lassen. In demselben Augenblick als die Runge entfernt wurde, glitten die aufeinandergelegten Rohre immer weiter ab und rollten über die Schienen zur Erde. Die dabei beschäftigten Arbeiter duckten sich hinter die Schienen oder zerstreuten sich seitlich, während das Opfer in Richtung der abgleitenden Rohre sprang. Die Rohre rollten über das Opfer hinweg. Ich weiß, daß Marek sehr viele Eisenbahnwagen dieser Art entlud und daß er beim Abladen immer viel Vorsicht walten ließ. Was das Abladen anbelangt, so hatte ich nie den Eindruck, daß er nachlässig gehandelt hätte. Obgleich beim Abladen immer dieselben Arbeiter verwendet wurden, vergaß er nie, auf die Gefahren bei dieser Arbeit aufmerksam zu machen. Auch hatte ich nie den Eindruck, daß Marek die Gefangenen schlecht behandelt und er dieselben nicht als menschliche Wesen betrachtet hätte. Ich kann mit Sicherheit bestätigen, daß er nicht mehr Vorsicht hätte walten lassen können, selbst wenn er zum Ab-

---

43   Nicht autorisierte deutsche Übersetzung Proces Verbal, S. 263 f.

laden deutsche Arbeiter gehabt hätte"[44].

Der frühe Zeitpunkt dieser Erklärung verwundert, weil alle Beschuldigungen, denen Marek während des Prozesses ausgesetzt war, hier bereits ein Jahr vor Prozessbeginn zu entkräften versucht werden.

Stier sagte in Rastatt am 8. Januar 1947 als 144. Zeuge "vorgeladen auf Verlangen von Marek" aus: "Ich habe das Kommando bei der Arbeit gesehen…und Marek sagen hören: ‚Paß auf, es gibt nicht mehr als einen Hebel'. Es war ein Waggon mit sehr schweren Rohren, den man entlud. Drei Rollen fielen. Einer der Häftlinge hat nicht mehr die Zeit gehabt, sich zu entfernen, und diese Rollen gingen über seinen Körper. Ich habe mich genähert. Die Kameraden haben mir gesagt: ‚Er ist tot.' Ich bezeuge, daß Marek den Häftling vor dem Unfall aufgefordert hatte, aufzupassen"[45].

In der Sitzung des Gerichts vom 27. Januar 1947 wurde für Marek die Todesstrafe gefordert. Pflichtstrafverteidigerin war die promovierte Volkswirtin und Juristin Helga Kloninger[46], im Mai 1945 vom Justizministerium des Landes Württemberg-Hohenzollern als "Offizialverteidigerin" in 295 Fällen von 1946 bis 1950 für das oberste Französische Militärgericht vorgeschlagen, war sie die einzige Frau in dieser Funktion. Sie plädierte am 29. Januar 1947 auf "mildernde Umstände"[47], nach einem anderen sehr emotionalen Zeugnis jedoch forderte sie Gerechtigkeit, wie ein Dokument ihrer Mutter zeigt: "Dann kam der zum Tod verurteilte (Paul) Marek dran, er saß hinter mir und schluchzte leise vor sich hin. Auch (Paul) Olesch hatte stets Tränen in den Augen. Diesen Marek hatte sich Helga wohl aus taktischen Gründen bis zuletzt aufbewahrt. Und was sie für den Mann gesprochen hat, das war grandios, es ging um ein Menschenleben, dessen war sie sich bewusst..Helga blieb im gleichen

---

44   "Erklärung" von Karl Stier, "den 14.12. 1945": Zwei Exemplare in der Mappe Helene Mareks; das erste ist handschriftlich mit dem Wort "Eisenbahnschienen" verändert.

45   Proces Verbal S. 200. Dort steht mit fehlerhaftem Namen "Stick, Karl, 54 Jahre, Schrankenwärter in Tuttlingen".

46   Helga Kloninger, geb. 9.März 1922 in Berlin, Abitur 1940, Studium der Volkswirtschaft, 1944 Promotion, 1945 als Pflicht-Strafverteidigerin von 1946-1950 in 295 Fällen am Tribunal Général zugeteilt. Verheiratet in zweiter Ehe mit Rolf Stödter (Vgl. Stödter-Stiftung), gest. 29.Mai 2011. Helga Stödter, geb. Kloninger, war die einzige Frau in der Funktion der "Offizialverteidigerin". Bundesverdienstkreuz 1986 als Streiterin für Rechte der Frauen. Sie wohnte in Rastatt bei einem Pfarrer Schleiz in der Herrenstraße 17.

47   Proces verbal S. 333 und 336.

Tempo, sie überhudelte sich nicht, sie sprach eindringlich und überzeugend und... suggestiv. Ich merkte es an vielem. Im Zuhörerraum war Totenstille, selbst die Wachen waren gespannt, ohne etwas zu verstehen, aber wahrscheinlich sahen sie am Mienenspiel, was Helga wollte. Die Richter, alle hörten ihr zu, besonders die Richterin (wohl Marguerite Haller, M.W.[48]) – eine Professorin von der Sorbonne – war wirklich ganz Ohr. Auch der polnische und der belgische Richter ‚hörten zu'(...). Die Schlussworte Helgas gipfelten darin , dass sie das hohe Gericht nicht um Gnade für ihre Angeklagten bat, sondern sie forderte Gerechtigkeit (…) Der Erfolg ist inzwischen da, der zum Tod Verurteilte bekam 20 Jahre Gefängnis!"[49]

Die Verteidigerin spricht zwar im Plural, aber es war ihr Verdienst, dass die erwartete Todesstrafe für Paul Marek in eine Haftstrafe umgewandelt wurde.

Am 30. Januar erklärte dieser: „Ich habe niemand etwas Böses getan". Das Urteil erfolgte am 31. Januar 1947 entsprechend der Zuständigkeit des Gerichts „gemäß dem Alliierten Kontrollratsgesetz Nr. 10 vom 20. Dezember 1945 und der Verordnung Nr. 36 vom 25. Februar 1946 des französischen Oberkommandos in Deutschland (publiziert am 8.März 1946 in dem offiziellen Publikationsorgan des französischen Oberkommandos in Deutschland)."

Paul Marek wurde demnach am 1. Februar 1947 zu „20 Jahren Gefängnis mit Zwangsarbeit" verurteilt mit der Begründung, „dass Paul Marek, genannt „Croquignol" (etwa: Liebling), Deutscher, ein besonders grausamer und brutaler deutscher Werkmeister war, der sich niemals auch nur an die einfachsten Regeln der Menschlichkeit hielt, daß er mit einem Gummiknüppel einen Kranken, der nicht mehr die Kraft gehabt hat, einen Kippwagen wieder aufzurichten, mißhandelt hat und andere Häftlinge mit Faustschlägen und manchmal sogar mit einem Grubenholz bis auf Blut geschlagen zu haben, wobei er sich oft an die Schwachen hielt: daß er unterlassen hat, die unabdinglichen Vorsichtsmaßnahmen zu ergreifen, um tödliche Un-

---

48 Da die Quelle aus dem Kreisarchiv Rastatt stammt, hat Martin Walter, der Kreisarchivar, seine Initialen im Text.

49 Zusatzblatt im Nachlass Dr. Helga Stödter Nr.38, Kreisarchiv Rastatt 6. Als Quelle verwendet von Martin Walter: Das Tribunal General de la Zone Francaise de Rastatt. Zwei neue historische Quellen im Kreisarchiv.In: Heimatbuch des Landkreises Rastatt, 2014, S.120.

Rastatter Prozess: Blick auf die Anklagebank. Zur Kennzeichnung tragen die Angeklagten Nummern, z.B. Nr. 40 ist Erwin Dold, der später als unschuldig freigesprochene letzte Kommandant des KZ Dautmergen.

fälle bei der Arbeit, die er beaufsichtigte, zu vermeiden"[50]. Die Argumentation des Urteils beruhte auf der allgemeinen Anklage eines Verbrechens gegen die Menschlichkeit und der Brutalität gegenüber Schwachen, erst am Ende ist von dem durch Unvorsichtigkeit verursachten Unfall die Rede: das Urteil des „Obersten Gerichts"

50 Proce verbal S. 351. In der Broschüre Opfermann „Leitfaden" von 1997 S.109 ist eine etwas andere Version abgedruckt: M., genannt „Nasenstüber"...war Zivil Werkmeister von ganz besonderer Grausamkeit und Roheit...

folgte mit „mindestens zwei Drittel Stimmenmehrheit"[51] also dem durch Nürnberg vorgegebenen Schema. Dort waren Nazi-Größen wie der Reichsjugendführer Baldur von Schirach und und Hitlers Architekt Albert Speer zur gleichen Strafe von 20 Jahren Haft verurteilt worden[52]. Das ausführlich verhandelte Unfallgeschehen, das zum Tod des Belgiers Marcel Groenwoet geführt hatte, scheint weniger wichtig gewesen zu sein als die Tatsache, dass nach dem „Nacht-und-Nebel-Erlass" politische Häftlinge als angebliche „Straftäter" im KZ Erzingen dem Vergessen und Tod anheimgestellt waren, so dass das französische Militärgericht so hart gegen den „Straftäter" Marek urteilte.

„Der Beginn der Vollstreckung der Feiheitsstrafen wurde festgelegt auf das Datum der von den französischen Justizbehörden bestimmten Inhaftnahme", den 14. August 1946, das Urteil des Prozesses wurde am 27. Februar 1947 veröffentlicht.

In den fast vier Wochen von der Urteilsverkündung bis zur Veröffentlichung brachte Helga Kloninger eine Revision des Urteils auf den offiziellen Weg. In dem Aktenbündel, das sie dem Kreisarchiv Rastatt überließ, finden sich drei Schreiben „Au Tribunal Général à Rastatt", deren erstes noch von einer Todesstrafe („la peine de mort") für Marek als „Kriegsverbrecher" („criminel de guerre") ausgeht. Das zweite und dritte Schreiben ist ebenso abgefasst wie das erste, die Art der Strafe hatte sie selbst ja in dem genannten Plädoyer durch ihre Worte und Wertung in eine Strafe von „20 Jahren Gefängnis mit Schwer- oder Zwangsarbeit" („vingt années d'emprisonnement avec Travaux Forces") umwandeln können.

Der Eingang der Schreiben der Verteidigerin beim TRIBUNAL GÉNÉRAL wurde in einem POURVOI EN REVISION vom 14. Februar 1947 und einem weiteren französischsprachigen Dokument vom 17. Februar 1947 mit der Überschrift PROCÈS-VERBAL DE SIGNIFICATION von dem Richter Blaise Bloyet weitergeleitet an M. „Buhot, Commissaire du Gouvernement Adjoint près ledit Tribunal Général", also an den Staatsanwalt, Beigeordneten des Tribunals, dessen Urteil jedoch nicht in Revision kam. Auf dem Dokument sind noch einmal die Grün-

---

51   Proces verbal a.a.O. S.113
52   Vgl.Ernst Klee Das Personenlexikon zum Dritten Reich.Wer war was vor und nach 1945.Lizenzausgabe 2008 des Fischer Verlages, FFM 2003.

GOUVERNEMENT MILITAIRE
EN ALLEMAGNE

BADEN-BADEN, le 9 Janvier 1948
Tél. 30-81, Poste 16.

Paierie Générale

BADEN-BADEN
2, Sophienstrasse

S. P. 50.443 - B. P. M. 507
Girokonto Nᵒ 536.152
Landeszentralbank

SERVICE DE LA PERCEPTION

Nᵒ 265

M. Marell Paul
Erzingen (Wurtemberg

Suivant décision du Tribunal de Rastatt
en date du 1.2.47 vous avez été condamné à
une amende de 1349 Rm 25

Je vous informe qu'à défaut de versement de cette somme dans le délai de huit jours, soit à ma caisse, soit au girokonto de Landeszentralbank de BADEN-BADEN 536.152, les poursuites par voie de contrainte par corps seront susceptibles d'être exercées contre vous.

Recevez Monsieur, mes salutations distinguées.

LE PAYEUR GÉNÉRAL,

P/Procuration

I. N. - 10254 - J. 8437 - 47 (S)

GOUVERNEMENT MILITAIRE EN ALLEMAGNE.
Paierie Génerale vom 9. Januar 1948.

de dafür genannt, nämlich „Crime de Guerre et crimes contre l'humanité"(=Kriegs-
verbrechen und Verbrechen gegen die Menschlichkeit).[53] Helga Kloninger hatte die
Bitte von Helene Marek in einem Brief vom 27. Januar 1947 kurz vor der Urteilsverkündung trotz ihrer vielen anderen Klienten beherzigt, denn Helene Marek hatte
geschrieben: „Wertes Frl.Dr.Kloninger, sind Sie so gut und setzen Sie sich für meinen Mann ein so gut es Ihnen möglich ist, es ist doch auch ein Menschenleben, und
hat ein kleines Kind mit 15 Monat, wo auch gern seinen Vater möchte, daß Er für Sie
sorgen könnte, es ist ja furchtbar, haben denn die Franzosen gar kein Herz. Sie sollten doch diese holen wo die KZ gemacht haben...Sind Sie so gut und teilen mir mit,
wie es bei meinem Mann mit der Strafe steht? Wann er fortkommt und wohin"?[54]

Paul Marek musste als Verurteilter die Kosten seines Verfahrens begleichen.
Ungefähr ein Jahr nach der Urteilsverkündung erhielt „M. Marek Paul Erzingen
(Wurtg)" am 9. Januar 1948 eine Zahlungsaufforderung der „Paierie Générale" (Ge-
nerale Zahlungsbehörde) des GOUVERNEMENT MILITAIRE EN ALL-
EMAGNE, Baden-Baden, Sophienstraße 2: „condamné à une amende de" (Er ist
verurteilt zu einer Zahlung von), 1349 RM 25 zu zahlen. Der Umschlag mit dem roten Stempel Courrier Officiel und dem Datum 13. 1. ist beschriftet mit der eigenen
Notiz von Frau Marek, dass sie den Brief am 16. Januar erhalten und den Betrag am
21.1. 1948 „einbezahlt" habe. Das Briefdokument wurde als Abschrift beglaubigt vom
Evangelischen Pfarramt am 21.9. 1948. Zu diesem Zeitpunkt acht Monate später war
bereits die Deutsche Mark eingeführt, die Reichsmark abgeschafft.

53   Kreisarchiv Rastatt G/IVL Stödter Nr. 19 „Marek"
54   Ibidem.Rechtschreibung beibehalten. Großschreibung von „Er" und „Sie" bezieht sich auf den Vater Paul und
      seine Tochter Dorothea.

Helene Mareks verzweifelte Suche nach Fürsprechern

Helene Marek scheint, nachdem ihr Mann bereits seit über sechs Monaten in Balingen arrestiert war, dafür gesorgt zu haben, dass Menschen aus Erzingen, Bekannte und Verwandte, sich zu Paul Marek an offizieller Stelle positiv äußerten. Zwei „Erklärungen", beide am 13. 12. 1946 vom Bürgermeister als Abschrift beglaubigt, zu einem Zeitpunkt, als Paul Marek bereits in Rastatt vor Gericht stand, sind schon Anfang des Jahres 1946 abgegeben worden. Das erste Schriftstück vom 29. 1. 1946 dokumentiert ganz nebenbei auch das positive menschliche Verhalten einiger Erzinger Dorfbewohner: „Wir kennen Herrn Marek seit er in Erzingen ist. Wir wohnen am Bahnhof in Erzingen und haben gesehen, wie Herr Marek mit den Gefangenen truppweise zur Arbeit ging. Obwohl es streng verboten war, daß wir den Gefangenen etwas Nahrungsmittel zuschieben durften, haben wir es trotzdem getan, weil Herr Marek dies zuließ und uns und den Häftlingen keinerlei Vorhalte machte. Herr Marek wollte den Häftlingen, wie uns das bekannt ist, diese zusätzlichen Nahrungsmittel zukommen lassen". Frau Anna Kommer unterschreibt noch zusätzlich den Satz: „Möchte noch mitteilen, daß Marek keinen Häftling geschlagen hat, wir haben die Häftlinge mit Marek jeden Tag gesehen, überhaupt war er nur gut gegen sie"[1].

Die zweite Erklärung vom 18. 2. 1946 geht in die gleiche Richtung, betont wiederum das Beschaffen von Lebensmitteln für die Gefangenen: „Wir bestätigen, dass Frau Marek und deren Eltern wiederholt Lebensmittel den KZ.-Häftlingen gegeben haben. Wir wissen auch, daß es streng verboten war, diesen Häftlingen Nahrungsmittel zuzuschieben; aber Herr Marek, der mit den Häftlingen gearbeitet hat, wußte, wie notwendig diese Zusatznahrungsmittel waren. Er hat deshalb die Hingabe dieser Nahrungsmittel gefördert"[2]. Die unterzeichnenden Frauen scheinen das Dokument vom 29.1. gekannt zu haben, weil es die „zugeschobenen Nahrungsmit-

---

1   Es unterschrieben Johannes und Anna Kommer, Anton Meinkuß und Rosa Göhring.

2   Es unterschrieben diesmal sechs Frauen, Zeichen ihrer Solidarität mit Frau Marek: Anna Wahrenberger, Frida Sauter, Emma Zimmermann, Anna Ruoff, Hedwig Geiger und Lina Fuoß.

tel" wiederholt, offenkundig war es mühsam, schwäbisches Idiom in Hochsprache zu übersetzen, wie der Begriff „Hingabe" verrät.

Zum Jahresbeginn 1947 sagte ein weiterer Zeuge aus Erzingen, der Schäfer Christian Haller, vor dem dortigen Bürgermeister Eugen Hertler aus, wie das „Vernehmungsprotokoll" ist vom 2. Januar 1947 zeigt. Wohin und ob es je weitergeleitet wurde, ist nicht bekannt, hätte zum Prozessausgang, der unmittelbar bevorstand, für Marek wohl nichts mehr beitragen können, obwohl die Bewertung günstig ist im Sinne der Menschlichkeit des Angeklagten, möglicherweise hat jedoch die Verteidigerin Helga Kloninger das Schriftstück erhalten: „Ich hatte des öfteren Gelegenheit, mich mit Marek, als er ein Arbeitskommando von Häftlingen unter sich hatte, zu unterhalten, umsomehr als das Schafhaus, wo ich meine Schafe untergebracht hatte, in dem Arbeitsbereich des Kommandos von Marek lag. Die Häftlinge haben bei Regenwetter Unterschlupf und Schutz im Schafhaus gesucht...daß diese Schutzsuchung im Einvernehmen mit Marek entstanden ist. Es kam auch des öfteren vor, daß den Häftlingen im Schafhaus selbst Esswaren zugeschoben worden sind, und zwar auch wieder unter Duldung von Marek selbst. Ich habe nie beobachtet, daß Marek die Häftlinge mißhandelt oder geschlagen hätte, es wurde mir auch nie von den Häftlingen, die Marek in seinem Arbeitsbereich unter sich gehabt hat, derartiges gesagt, und ich habe mich oft mit diesen Leuten unterhalten"[3].

Wie zur Bestätigung des Sachverhalts, dass Erzinger Häftlinge sich bei Regen im Schafhaus unterstellen durften, erscheint deshalb das Photo, welches Max Heilbronn 1946 bei seinem Besuch in Erzingen davon gemacht hat.

Es könnte auch sein, dass die belgische Bezeichnung auf dem Photo „Schaliemijn" so etwas wie ein Unterstand für die arbeitenden Häftlinge bei Luftangriffen auf Erzingen gewesen ist, oder eben ein Schafstall, dunkel genug, um das Zustecken von Nahrung zu ermöglichen[4]. Wenn Mareks Verteidigerin diese Aussage erhalten haben könnte, wäre es verständlich, dass sie, wirklich von der Unschuld

---

3   Bürgermeisteramt Erzingen, den 2. Januar 1947 „Vernehmungsprotokoll". Unter den Papieren von Helene Marek im Besitz des Verfassers.

4   Günter Ernst, Jahrgang 1936, vom Bronnhaupter Hof bei Erzingen lokalisierte den Ort des „Schafstalls" Richtung Geislingen, wo später die Erddeponie angelegt wurde. Dabei sei der Unterstand mit Erde bedeckt worden. Die Grundstücke des ehemaligen „Schafstalls" hätten zu Bronnhaupten gehört. Mündlich am 2.11. 2017.

Es dürfte so etwas wie ein Schafstall gewesen sein, den die Gefangenen als Unterstand und Zuflucht bei schlimmem Wetter oder Luftangriffen benutzten. (z.B. 12. Februar 1945)

des Mandanten überzeugt, auf „mildernde Umstände" plädierte. Andere Angeklagte, in Schömberg bekannte Täter aus dem KZ Dautmergen, wurden ja in Rastatt zum Tode verurteilt und hingerichtet[5].

Als ob in Rastatt von Erzingen aus zu diesem Zeitpunkt noch etwas hätte bewirkt werden können, so vergeblich es auch schien: Ein weiterer Mann aus Erzingen, Clemens Wager, „beschäftigt auf der Staatsdomäne Bronnhaupten" und „bei dem jetzigen Pächter Friedrich Ernst und schon bei seinen Eltern, in Diensten tätig", gab in einem weiteren „Vernehmungsprotokoll" am 14. Januar 1947 vor dem Erzinger Bürgermeister Eugen Hertler an, was er beobachtet hatte: „Paul Marek war mir gut bekannt, da er ein Kommando von Häftlingen auf den Grundstücken der Staatsdomäne zur Arbeit unter sich hatte. Ich habe Marek des öfteren bei dieser Arbeit (Rohr ausladen, Schienen abladen usw.) zugesehen und auch mit ihm gespro-

---

5   Es sind Leo Billotin, Hans Becker und Josef Deutsch, die Schömbergerinnen noch einen letzten Brief schreiben konnten, bevor sie hingerichtet wurden. Die Brief sind abgedruckt bei Opfermann, Leitfaden 1997, S.84-87.

Notizzettel aus der Kladde Helene Mareks mit der veränderten Beurteilung des Unfalls von Groenvoet durch den Arzt Boutbien.

chen. Daß Marek die Häftlinge geschlagen hat, konnte ich nie beobachten, auch hat er während meiner Anwesenheit die Häftlinge nie zur Arbeit angetrieben. Ich habe des öfteren den Häftlingen Kartoffeln von meinem Brotherrn Friedrich Ernst zugeschoben. Ein Vorhalt ist mir von Paul Marek nie gemacht worden. Ich muß deshalb annehmen, daß es mit Duldung von Marek geschehen ist"[6]. Hoffnung wider die Erwartung der Todesstrafe kann als Motiv für diese Aussage der Marek Gutgesinnten angenommen werden.

Dass ihr Mann Paul Marek nicht die Todesstrafe erhielt, war für Helene Marek zunächst einmal das Wichtigste. Deshalb erstaunt es nicht, dass bei ihren Unterlagen ein undatierter Zettel mit den Adressen Léon Boutbiens und Julien Lievevrouws zu finden ist.

Auf der Rückseite hatte sie oder ihre Schwester Luise eine Aussage Boutbiens aufgeschrieben, die letztlich auf die Unschuld Mareks am Tode des belgischen Häft-

6   Vernehmungsprotokoll Bürgermeisteramt Erzingen, den 14. Januar 1947. Unter den Papieren Helene Mareks.

lings hinausläuft: „Für Paul Marek kann ich sagen, daß Er wie mir scheint, die Verantwortung an dem Unglücksfall nicht hat. Der Belgier Marcell Grenwoet ist am 11. Nov. 44 an Schädelbruch gestorben. Er hat das Rohr nicht kommen sehen, das Seinen Tod herbeiführte. Er war sehr Elend und zerstreut, eine kleine Erregung hätte Ihn gerettet. Paul Marek war niemals als brutaler Mensch gegen uns in seiner Haltung, ich will gern diese Sachen vor Gericht beeiden, um zu vermeiden, daß ein unschuldiger Verurteilt wird selbst wenn es ein Deutscher ist"[7]. Vermutlich durch die Berichterstattung in den Zeitungen hatten die Frauen Jetter über diese Einschätzung, die teilweise der nun geänderten Léon Boutbiens entspricht, erfahren, allerdings stimmt das Datum des Unfalls nicht. Julien Lievevrouw kannten sie als Maler, weil das Ehepaar Anna und Johannes Kommer, ehemals in Erzingen wohnend, vor dem Bürgermeister der Gemeinde Isingen, Karl Gühring, in einem „Vernehmungsprotokoll" vom 5. Januar 1947 für Marek ausgesagt hatten und dabei Lievevrouw erwähnten[8].

Helene Marek und ihr verwandte Familien suchten schon früh Fürsprecher auf der Seite der ehemaligen Häftlinge, aber auch bei Angestellten der ehemaligen Ölschieferwerke. Ein Beispiel dafür ist die „Bestätigung", die Diplom-Ing. Erich Höchsmann aus Bisingen bereits am 12. April 1946 für Marek abgegeben hatte, der zu dieser Zeit noch im Internierungslager Balingen war.

Erich Höchsmann, Betriebsleiter in „Wüste" 2, Bisingen, hatte jedoch bei der Zentralverwaltung der württembergischen Ölschieferwerke, beantragt, entlassen zu werden, wie ein Schreiben vom 28.12. 1946 beweist. Dem werde stattgegeben, erlaubte Captaine Couderc, aber „Herr Höchsmann, oder in seiner Abwesenheit Herr Puff, übernehmen vorläufig die Aufgabe eines Betriebsleiters in Frommern bis zur

---

7 Dass diesen Zettel Helene Mareks Schwester Luise Jetter geschrieben hat, ist durch Schriftvergleich nachzuweisen, denn am 24. Februar 1947 hatte sie an J.L. Feitsma, einen ehemaligen Häftling, einen Brief geschrieben. Sie folgte einem anderen Brief, denn Feitsma selbst hatte am 19.5. 1946 an Familie Hertler geschrieben und sich nach bestimmten Erzingern, die ihm geholfen hatten, erkundigt. Abgedruckt in Opfermann, Jan, ist der Führer tot? a.a.O. S. 134. Die im Brief erwähnte Witwe, die „viele mahle mit ihre Töchter Kartoffeln für uns gekocht" hat, ist wohl Frau Jetter mit den Töchtern Luise und Helene, Frau Marek.
8 Isingen, den 5. Januar 1947 „Betr.: Angelegenheit des Paul Marek".

Rückkehr von Herrn Dr. Schweitzer"[9]. In Frommern waren Puff für die Waschöldestillation und die Schwelerei, Höchsmann für das Kesselhaus und die Gasverbrennungsöfen verantwortlich.[10]

Die in diesem Dokument genannten Namen, ZV, „Wüste" II, Couderc, Rohrbach, Dr. Schweitzer, Höchsmann und Puff stehen für das Ölschieferprojekt der Nazis und dessen Weiterführung durch die französische Besatzungsmacht, die Paul Marek später vor Gericht stellen und verurteilen sollte. Deshalb wurden auch die bekannten Vertreter der „Wüste"-Baustellen in Erzingen, Höchsmann und Puff, vor Beginn des Prozesses von Helene Marek um Hilfe gebeten, weil sie das menschliche Verhalten Mareks bezeugen sollten: „Herr Marek war als Schachtmeister bei der Firma König auf Werk 4 in Erzingen beschäftigt. Solange ich mit Herrn Marek zusammen gearbeitet habe, hat er sich als ordentlicher, fleißiger Arbeiter gezeigt. Ich persönlich habe niemals bemerkt, daß Herr Marek seine Untergebenen schlecht behandelt hätte. Auch an dem bedauerlichen Unfall soll, nach Aussagen verschiedener Augenzeugen, Herr Marek vollkommen unschuldig sein".

Der Zusammenhang mit den Tatsachen zum Unternehmen „Wüste" ist somit offenkundig, und Herr Höchsmann bestätigt, wenn auch in vorsichtiger Formulierung und sich auf Hörensagen berufend, die Sicht der späteren Verteidigung. Wenn Mareks Briefe erst im August 1950 beginnen, so sind die Bemühungen seiner Frau Helene Marek dadurch charaktersiert, dass sie sich schon während seiner Zeit im Internierungslager Balingen intensiv darum kümmerte, seinen Ruf durch Zeugenaussagen aus Erzingen zu verbessern, wobei die Befragten aus der eigenen Beobachtung heraus antworteten. Die Zeugnisse datieren bereits im Dezember 1945 und werden fortgesetzt bis in die Zeit der Urteilsverkündigung in Rastatt, d.h. es gibt scheinbar eine wechselseitige Abhängigkeit: Je näher das Urteil rückte, desto intensiver die Anstrengungen von Erzinger Zeugen, dies positiv fast zeitgleich noch im Januar 1947 zu beeinflussen.

9   Brief im Personalordner des Rohrbach-Zementwerks, Buchstabe H., geschrieben von Rohrbachs Sekretärin Ott. Höchsmann war laut Liste im Personalordner zunächst als Betriebsleiter in Werk 1 Nehren mit einem Gehalt von 500 Mark , ebenso wie Puff in Erzingen, Werk 4.

10   Dokument der ZV/Section Etudes et Travaux, Dotternhausen, den 20.8.1946, Rohrbachs Sekretärin Maria Ott. Zu Frommern vgl. Opfermann „Die LIAS": Ölschieferverschwelung.... In:Ölschieferwerk Frommern Industriereportage 1947, Schwäbisches Kulturarchiv des Schwäbischen Albvereins...,Albstadt-Ebingen 2002, S.4 ff.

Das Kameradenwerk

In der Kladde Helene Mareks befindet sich ein Brief aus Buenos Aires, der auf bezeichnende Weise die mutmaßlich unfreiwillige Beziehung zu ehemaligen Nazis ausdrückt. „Das Kameradenwerk" war vom ehemaligen Luftwaffenoberst Hans-Ulrich Rudel gegründet worden, dem „höchstdekorierte(n) Soldat(en) der gesamten Wehrmacht"[1], dem es mit Vatikan-Hilfe gelungen war, nach Argentinien zu fliehen[2].

Das Dokument benennt die Eingliederung in das Rote Kreuz und die Aufgabe des „Kameradenwerks", „sich der Betreuung deutscher Soldaten in Gefangenschaft und deren Angehörigen" zu widmen, weshalb diesen „als Gruß Deutscher in Südamerika ein Liebesgabenpaket folgenden Inhalts: 1 Kg.Schokolade, 3 Lit. Oel" gesandt worden sei. Hochtrabend wie viele Nazibegriffe soll mit dem bestimmten Artitel auf die Singularität der Institution hingewiesen werden, entsprechend den Vorbildern „Der Führer", „Der Wehrbeauftragte", „Der Wirtschaftsminister", „Der Beauftragte für den Vierjahresplan", es soll vorgetäuscht werden, alles im Griff zu haben, in hierarchischer Ordnung.

Helene Marek dürfte sich gewundert haben, aus Argentinien etwas geschickt zu bekommen, zumal ihr Mann ja kein Soldat gewesen war, der Hinweis auf das Rote Kreuz dürfte ihre Skepsis jedoch beruhigt haben, weil sie ja selbst die Dienste des RK in Anspruch nehmen wollte. Außerdem konnte sie Schokolade und Öl in der Menge sicherlich sehr gut gebrauchen, vielleicht sogar als Geschenk für ihrem Mann Gutwillige. Verräterisch ist die Bezeichnung „Liebesgabenpaket", Harmlosigkeit ohne Absichten suggerierend. Ob Helene Marek der Gesamtzusammenhang mit ehemaligen Nazis klar wurde, sei dahingestellt, sie sammelte ja aus Illustrierten

---

1 Christofer Spies, Die „Kriegsverbrecherfrage" in Rheinland-Pfalz, Baden und Württemberg-Hohenzollern. Zur Politik der Regierungen Altmeier, Wohleb und Müller in Begnadigungsverfahren von Verurteilten französischer Militärgerichte 1947-1957. Veröffentlichungen der Kommission des Landtages fü die Geschichte des Landes Rheinland-Pfalz Band 32. Ubstadt-Weiher Verlag regionalkultur 2020, S. 154 Anm. 735.

2 Vgl. Ernst Klee, Das Personenlexikon zum Dritten Reich, a.a.O. S.512. Gemeint ist die so genannte „Rattenlinie", die der Vatikan zur Rettung von Nazis aufgebaut hatte. „Was in diesen Jahren durch die Kirche…an wertvollem Menschentum unseres Volkes gerettet worden, oft vor dem sicheren Tode gerettet worden ist, soll billigerweise kanvergessen bleiben".

Das Kameradenwerk

das sich nunmehr dem Roten Kreuz eingegliedert hat und sich der Betreuung deutscher Soldaten in

Gefangenschaft und deren Angehörigen widmet, sandte Ihnen als Gruß Deutscher in Südamerika

ein Liebesgabenpaket folgenden Inhalts: 1 Kg. Schokolade, 3 Lite Oel

Der Spender dieses Paketes ist: Sr. Weisspflug (nicht der auf dem Paket
5 de Julio 1074 angegebene Absender)
Vicente López(FCNGBM)
Argentina.

Den Empfang bitten wir an die obengenannte Anschrift zu bestätigen.

Für das Kameradenwerk:

Buenos Aires, den 9. Aug. 51
5 de Julio 1074
Vicente López, FCNGBM
Prov Buenos Aires/Argentina.

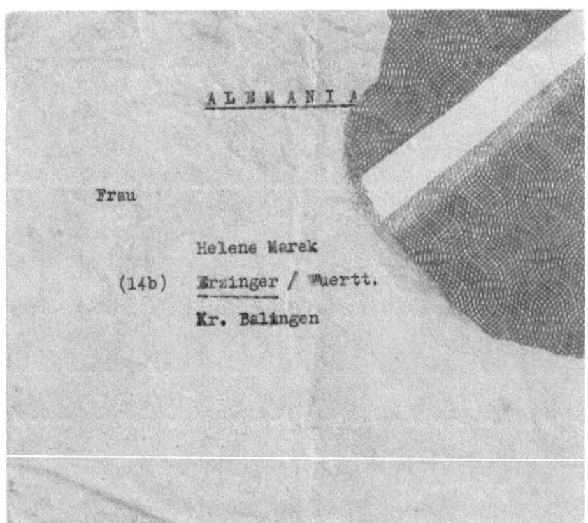

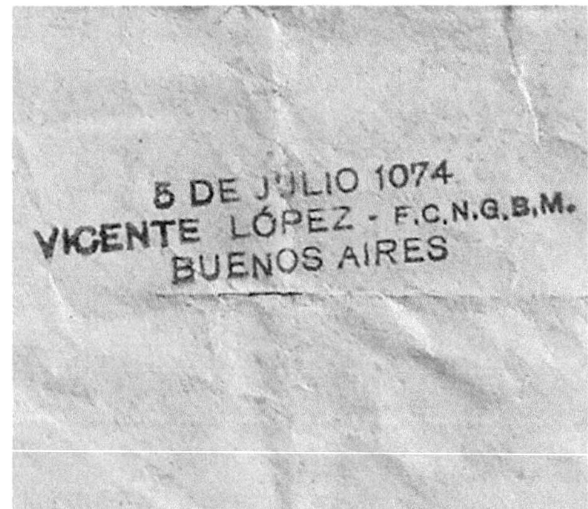

Unerwartete Post aus Buenos Aires

und Zeitungen Artikel, die mit dem Thema zu tun hatten, und Hans-Ulrich Rudel war seit 1951 wieder in der Bundesrepublik Deutschland, wo er seine nicht geänderte faschistische Haltung weiterhin propagieren konnte. Das Schreiben aus Buenos Aires vom 9. August 1951 trägt eine Unterschrift, die sogar möglicherweise „Rudel" heißen könnte. Die Buchstabenhäufung FCNGBM neben dem Absender Vicente López dürfte auf eine regierungsnahe Organisation des Regimes Perón hinweisen, ein „Sr. Weisspflug" ist jedoch als „Spender dieses Paketes" ausdrücklich genannt: mit Herrn Weisspflug ein deutscher Name, der den spanischen in der Absenderadresse vergessen machen sollte.

Über die Zusammenarbeit des „Kameradenwerks" mit dem Roten Kreuz waren nach Christofer Spies (Anm.1) Wittlichs „französische Beamten verärgert, hielten die Päckchen aus Argentinien zurück und verlangten Unkenntlichmachung des Absenders, was wiederum zu Protesten der Gefangenen führte...(Vielmehr) erkannte...(man) die Gefahr, die von der Organisation ausging und beschloss, keineswegs mit dem Kameradenwerk Verbindung aufzunehmen und so dessen Agitieren zum Absterben zu bringen"[3]. „Um weiteres Aufsehen zu vermeiden, informierte der Anstaltschef Ottinger das Justizministerium, habe er sich in aller Namen beim Kameradenwerk für die Zuwendungen bedankt"[4].

Demnach ist nicht sicher, ob Helene Marek das Päckchen für ihren Mann wirklich erhalten hat.

3   Spies, a.a.O. S.155
4   Ibidem

EXKURS:
Briefwechsel zwischen Käte Hartmann und Rudolf Rohrbach während des Prozesses ihres Mannes in Rastatt vom 11.12.1946 bis 1.6.1947

Im Gegensatz zu Helene Marek hatte der ebenfalls in Rastatt angeklagte Franz Hartmann, ehemaliger Direktor der „Metallwerke Spaichingen", scheinbar hochrangige Fürsprecher. Jedenfalls glaubte dies Käte Hartmann, selbstverständlich in Sorge um ihren Mann, als dieser aus dem Interniertenlager in Balingen nach Rastatt gebracht worden war. Die Gerichtbehörde, das macht der Prozess deutlich, verhandelte die Taten der Beschuldigten nach der Schwere der Vorwürfe. Deshalb musste Hartmann erst bei der „3. Série Camps Wurtemberg"[1] vor Gericht. Seine Frau Käte wandte sich an Rudolf Rohrbach um Hilfe, weil sie diesen als Gauamtsleiter aus NS-Zeiten kannte. Zum Zeitpunkt des Prozessbeginns in Rastatt war die „Zentralverwaltung der württembergischen Ölschieferwerke" in Dotternhausen unter dem französischen Ölschieferspezialisten Capitaine Couderc bereits seit Ende 1945 errichtet worden. Rudolf Rohrbach war, de iure als Criminel de Guerre im Interniertenlager Balingen, de facto „Sekretär der Abteilung Etudes et Travaux" Coudercs Angestellter und Vertrauter[2]. Beide, Rohrbach und Couderc, sollten sich, so überlegte Käte Hartmann, für ihren Mann verwenden.

Der am 9. Dezember 1946 eröffnete Prozess in Rastatt für die „schweren Fälle" der „1.Série Camps Wurtemberg" findet seinen Niederschlag im ersten Brief Käte Hartmanns vom 11.12. 1946, in dem davon die Rede ist, ihr Mann werde wohl nur als „Zeuge" vernommen. Allerdings komme „ein Lager nach dem anderen dran", Spaichingen erst später. Das stimmt so nicht, weil die „schweren" Fälle von Spaichingen in der „ersten Serie" verhandelt wurden. Ebenso hatte sie ja wohl erfahren, dass

---

1   Archives de Tribunal Général de Rastatt, Dossier Nr. 37,S.11. In: 004a Prozess Rastatt-AJ-C4028-4034. Marek im gleichen Dokument Dossier Nr. 9, S. 7 bei den schweren Fällen.

2   Vgl. Opfermann, Bei Ostwind hörten wir die Leute schreien. Das Schwarze Lager Dormettingen. München 2020. S.147 Anm.102 zum Verhältnis Rohrbach-Couderc.

ihr Mann nicht als Beschuldigter eines Mordes in Frage kommen werde. Sie hoffte, „daß Capitaine Couderc etwas erreicht", wenn Rohrbach „so gut sein und die ganze Sache....(diesem) vortragen" könnte. Rohrbach kann dann auch am 5.2. 1947 zurückschreiben „Herr Capitaine Couderc war von seiner ersten Reise nach Rastatt in Bezug auf die mögliche Freilassung Ihres Gatten sehr optimistisch zurückgekehrt", dass natürlich „weitere Entlassungen vor der Durchführung des Prozesses nicht mehr vorgenommen werden". „Vor allem wäre es wichtig, eindeutig zu klären, ob man Ihren Gatten als Zeugen dort behält oder ob man ihm irgend etwas Konkretes vorwirft. Im letzten Falle wäre die Beiziehung eines geeigneten Anwalts sicher zweckmässig. Ich selber kenne nur die Rechtsanwältin Dr. Kloninger in Tübingen, welche die Doelf verteidigt".

Franz Hartmann war am 13. Januar 1947 als 193.Zeuge im Prozess zum Angeklagten Eck und zu Spaichingen befragt worden und sagte aus, er selbst „habe die Metallwerke geleitet..(und) Eck habe ihn „gebeten, die Verpflegung zu vergrößern, ...(habe ihm) Verbesserungen für die Häftlinge vorgeschlagen...". „Die Häftlinge waren in schlechtem Zustand und litten sehr unter ihrer Arbeit, weil sie keine Spezialisten waren. Die Fabrik hat für die Häftlinge getan, was sie konnte. Sie hat für sie die Rationen der Zwangsarbeiter verlangt und hat die Kartoffelrationen vergrößert".[3] Es ging um die Arbeitsfähigkeit von Spaichinger Häftlingen, deren Zustand als „skelettartig" bezeichnet wurde. Hat Käte Hartmann von der Aussage ihres Mannes, in der er zugeben musste, dass es ihm darauf ankam, die Häftlinge arbeitsfähig zu machen und zu behalten, nichts gewusst und erfahren?

Im Antwortbrief vom 8.2. 47 schreibt sie an Rohrbach, ihr Mann sei zwar „nach wie vor zuversichtlich", weil er „einige Erleichterungen, indem er nur noch mit einem Mann (– vorher waren es achtzehn –) eine Zelle teilt", Rohrbachs Fürsprache zu verdanken habe, sie selbst jedoch sei „persönlich recht ernüchtert seit dem Urteil im vergangenen Rastatter Prozess". Das Urteil für Paul Marek und die anderen der „1.Série Camps Wurtemberg" war ja erst eine Woche zuvor gefällt worden!

Hartmanns Verteidiger in Rastatt war Rechtsanwalt Roth, der „jetzt meinen Mann für einen leichten Fall" hält. Ihre Skepsis kommt allerdings sehr deutlich zum

---

3   PROCES-VERBAL S. 226f.

Ausdruck, wenn sie schreibt: "Aber das ist ja die Taktik des Gerichtes, möglichst lange Unklarheit über die Anklage zu lassen".

Das Warten wurde für Käte Hartmann immer schlimmer, zumal „die Anklageschrift... immer noch nicht herausgekommen" war. „Mein Mann hat jetzt Herrn Dr. Zimmerle in Tübingen mit seiner Verteidigung beauftragt, da der Rastatter Anwalt offenbar dadurch, daß er den Kapo Burtel[4], der meinen Mann am meisten belastet, verteidigte, sich irgendwie gehemmt fühlt und nichts unternimmt".

Sie selbst suchte unterdessen immer hektischer nach entlastenden Aussagen für ihren Mann: „ich fahnde noch hinter einem Polen her, mit dem mein Mann stets gut gearbeitet hat. Er war nach der Überrollung der erste Kommissar der Firma". Diesen Stanislaus Korytkowsky in Baden-Baden zu finden sollte auf Bitten Rohrbachs dessen Chef Capitaine Couderc bewerkstelligen! Ich „habe langsam das Gefühl, daß mein Mann von aller Welt verlassen ist...und die Strapazen in Rastatt nicht gut übersteht".

Weil in zwei für sie angstvollen Wochen nichts geschah, sollten Rohrbach und Couderc noch einmal aktiv werden: Käte Hartmann gab sich der Illusion hin, Franz Hartmann werde entlassen, und zwar in den Ölschiefer-Zuständigkeitsbereich von Couderc. „Damit halte ich den Zeitpunkt für gekommen, daß zur Unterstützung dieses Antrags auf Haftentlassung auch von Seiten Herrn Capitaines nocheinmal etwas getan wird, und ich möchte Sie sehr bitten, doch in diesem Sinne helfend einzugreifen". Er möge bei „Herrn Buhaut" intervenieren, ihrem Mann „zur vorläufigen Entlassung zu verhelfen, damit er dann nur noch für die 4-5 Tage, die der eigentliche Prozeß dauern soll, nach Rastatt zurück muß".

Dieser Brief vom 2. März 1947 – die fordernde Sprache ist völlig realitätsfern – wurde in französischer Sprache an Couderc weitergeleitet. Rohrbach konnte lediglich vertrösten, dieser habe in Baden-Baden „wiederholt Besprechungen" und auch bei der ZV sei „das Interesse, ihn (ihren Mann) freizubekommen, noch stärker geworden". Der Name Buhaut ist bekannt aus dem Dokument, das Helga Kloninger

<hr>

4 Burtel, August Lorenz, geb. 26.2.1911 wurde in Rastatt zum Tode verurteilt, denn er hatte als Kapo im Lager Spaichingen „trotz seines Leugnens ...wie ein Sadist gehandelt; erhat zu seinem Vergnügen geschlagen und geprügelt, er hat ohne irgendeinen Grund auf die Internierten eingeschlagen, bis sie ohnmächtig waren oder sogar starben." In. Journal Officiel, abgedruckt bei Opfermann, Leitfaden...S.108.

Spaichingen, den 1.6.47.
Hauptstr. 76

Herrn
Dipl.-Ing. Rudolf Rohrbach
Dotternhausen

Sehr geehrter Herr Rohrbach!

Sie werden sich vorstellen können, wie mir nach dem Urteil zumute ist. Aber ich kann wohl sagen, daß nicht nur ich sondern auch eine Menge andere Menschen, die teils von Rastatt aus, teils von der Ferne aus den Prozeß verfolgt haben, völlig überrascht waren von diesem harten Strafmaß. Wozu dieser ganze so sachlich geführte Prozeß, wenn das Urteil so ausfällt? Die Urteilsbegründung ist derart oberflächlich, daß man bei normalem Maßstab annehmen müßte, daß die Revision angenommen werden m u ß . Aber ich habe nun garkeine Hoffnung mehr. Es ist zu offensichtlich, daß man nicht will. Die Hauptbelastung meines Mannes war doch die Aussage des Kapos Bürtel - der bereits hingerichtet ist -, mein Mann habe sich noch im Februar 45 um neue Häftlinge bemüht, d.h. er behauptete, mein Mann sei nach Berlin gefahren, um Häftlinge zu bekommen. Die Beweisaufnahme hat eindeutig festgestellt, daß mein Mann erstens überhaupt nicht in Berlin war, zweitens, daß der Häftlingseinsatz gegeben war und drittens, daß mein Mann verhindern wollte, daß wieder so schwache und kranke Häftlinge kamen und deshalb einen Meister namens Militzer nach Dachau schickte, damit er gesunde und geeignete Leute aussuchen könne. Dieser Meister kam mit einer Liste von Nummern zurück, und als die Häftlinge kamen, wurde festgestellt, daß es garnicht die ausgesuchten Leute waren. Auf Reklamation meines Mannes wurde mitgeteilt, man hätte diese Leute wegen Typhusverdacht nicht schicken können. Mein Mann, der damit beweisen wollte, daß er den besten Willen hatte, eine Katastrophe zu verhindern, mußte nun erleben, daß das Gericht sich auf einen ganz anderen Standpunkt stellte, und zwar, mein Mann habe wie im Altertum Menschenhandel getrieben und sich wie ein Sklavenhalter seine Ware auf dem Markt ausgesucht. Mein Mann ist sehr verbittert und enttäuscht, daß nach all den ausführlichen Verhören, in denen alle Vorwürfe geklärt und widerlegt schienen, das Urteil doch mit den alten Vorwürfen begründet wurde. Vielleicht lag ja auch Dr. Zimmerle dem Gericht nicht - es war jedenfalls mein Eindruck - das war Pech, dürfte aber schließlich die Richter ja nicht so beeinflussen. Mein Mann bat mich nun, Ihnen das alles zu berichten. Er hat nämlich schon wieder einen Plan, und Sie möchten das doch bitte mal mit Herrn Capitaine Couderc besprechen. Mein Mann geht von der Überlegung aus, daß die Revision verworfen wird und daß er selbst auf dem Gnadenweg im Höchstfalle die Hälfte "geschenkt" bekommt , das würde also noch mindestens 2 Jahre Gefängnis bedeuten. Der Anstaltsarzt glaubt nun, daß er aufgrund des Gesundheitszustandes meines Mannes (Herz) die Möglichkeit schaffen kann, daß eine Haft mit erleichterten Bedingungen begründet wird. Mein Mann wollte dann den Vorschlag machen, ihn als Gefangenen beruflich arbeiten zu lassen. Dieser Einsatz möge für 2 Jahre vorgesehen werden mit der Absicht, je nach dem Nutzen, den seine Tätigkeit bringt, ihm den Rest der Strafe zu erlassen. Bevor er aber einen solchen Antrag stellt, möchte er gern eine Stelle nennen können, die für seine Arbeiten Interesse hat. Das war einmal beim Ministère d'armement in Paris der Fall. Ob es noch heute gilt, wäre zu prüfen. Vielleicht könnte Herr Capitaine Couderc bei der Verwaltung in Baden-Baden eine Stelle nennen, die man für meinen

Letzter Brief Käte Hartmanns an Rudolf Rohrbach
vom 1.6.1947 aus dem Personalordner des Zementwerkes.

Mann interessieren könnte. Eine Beschäftigung in Deutschland, bzw.
Dotternhausen würde ja wahrscheinlich nicht erlaubt werden, sodaß ein
solcher Versuch, zu dem Capitaine Couderc wahrscheinlich auch nicht
bereit wäre, nicht in Frage käme. - Letzteres ist wörtlich dem
Brief meines Mannes entnommen, und Sie ersehen daraus die Stimmung
meines Mannes, lieber Herr Rohrbach. Wie kann man ihm wohl helfen?
Ich bin so am Ende mit all meinen Kräften. Ich war fast täglich in
Rastatt, und die Verhandlungen haben mich entsetzlich geschlaucht,
vor allem, da ich mir ja schließlich nichts anmerken lassen wollte.
Und nun stehe ich mit meinen drei Kindern und der Mutter meines Mannes
da, die natürlich mit ihren 63 Jahren ganz besonders schwer daran
trägt. Ein Glück, daß ich noch meine Eltern habe. Aber ich liege
ihnen nicht gerne vollkommen auf der Tasche. Ich wollte Sie daher
bitten, an mich zu denken, wenn Sie mal je etwas von schriftlichen
Heimarbeiten hören. Ich habe ja meine Schreibmaschine und werde ver-
suchen, daraus etwas Kapital zu schlagen. Ganz in den Beruf gehen
möchte ich noch nicht, obwohl mir in Karlsruhe eine blendende Stelle
bei einem bekannten Rechtsanwalt angeboten wurde, aber ich kann jetzt
meine Familie nicht im Stich lassen. Die acht Wochen waren für meine
Schwiegermutter fast schon zu viel, obwohl ich ja die Kleinste mit-
hatte. So werde ich   einstweilen schon noch hier bleiben. Unsere
primitive Unterkunft hat den Vorteil, sehr billig zu sein; in einem
Jahr sieht man wieder weiter.
      Mein Mann bittet mich noch, Ihnen zur Orientierung zu
schreiben, daß er Spezialist in der Kaltverformung von Blechteilen
ist und dafür neuartige Bearbeitungsmethoden entwickelt habe, die
für die Konstruktion und Fabrikation von Waffen weitgehende Anwendung fanden und für die weitere vielseitige Anwendungsmöglichkeiten
bestehen, so z.B. bei der Herstellung von Zahnrädern, für die dann
keine Spezialwerkzeugmaschinen mehr notwendig sind.
      Bitte grüßen Sie, wenn Sie Gelegenheit haben, Herrn Direk-
tor Moritz Feuerhake, und ich ließe ihm für seine freundlichen
Zeilen vom 22.5. danken. Leider hat ja all Ihr Daumenhalten nichts
genützt. Den Auftrag mit Herrn Müller, Rastatt, konnte ich meinem
Mann nicht mehr ausrichten, da ich den Brief von Herrn Feuerhake
erst gestern bei meiner Rückkehr hier vorfand. Aber ich denke, daß
mein Mann schon so durchhält. Er sah noch ganz leidlich aus. Außerdem fragt man sich allmählich doch, wozu man eigentlich weiterlebt?
      Mit den herzlichsten Grüßen

                    Ihre Käte Hartmann.

diesem zur Revision von Paul Mareks Urteil vorgelegt hatte (s.o.), er ist Staatsanwalt wie Joseph Granier.

Auch der Anwalt Dr. Zimmerle, dies teilte Käte Hartmann Rohrbach mit, halte die Sache ihres „Mannes für aussichtsreich. Allerdings dürfe man wohl kaum Freispruch erwarten, da die Rastatter Urteile in erster Linie politische Urteile seien, aber er ist der Ansicht, daß die Strafe nicht mehr sein wird als die Zeit, die mein Mann schon hinter Stacheldraht verbracht hat".

Käte Hartmann benutzt diese Formulierung, wie man sie für KZ-Häftlinge kennt. Im Subtext schien sie das Schicksal ihres Mannes mit den von Nazi-Opfern zu vergleichen. Hartmann jedoch war „wegen Kriegsverbrechens" angeklagt, wie ihr Anwalt Dr. Zimmerle Rudolf Rohrbach mitteilte. In völliger Verkennung seiner Lage wollte Franz Hartmann von diesem, dass er Capitaine Couderc bittet, als „technischer Fachmann" und Sachverständiger vor dem Rastatter Gericht auszusagen, weil die Richter „kaum das…Verständnis aufbringen werden, um seine besondere Lage und die gesamte Aufgabenstellung als leitender Direktor der Metallwerke Spaichingen voll zu erfassen". In diesem Schreiben eine Woche vor dem Urteil wird eine verzweifelte Hybris sichtbar, er kann sich nicht vorstellen, als ein Kriegsverbrecher verurteilt zu werden!

Rohrbach weiß natürlich, dass es nicht um technische Fähigkeiten ging, sondern um das schwerwiegende Delikt „Verbrechen gegen die Menchlichkeit". Das Gericht jedoch verurteilte am 17.4. 1947 Franz Hartmann zu mehreren Jahren Gefängnis.

In ihrem letzten Brief an Rohrbach[5] erst vom 1.6. 1947 äußert sich Käte Hartmann zum Urteil, sechs Wochen sind vergangen, in denen sie sich fassen musste, denn sie und andere seien „völlig überrascht von diesem harten Strafmaß" gewesen. „Die Hauptbelastung meines Mannes war doch die Aussage des Kapos Burtel – der bereits hingerichtet ist – , mein Mann habe sich noch im Februar 45 um neue Häftlinge bemüht…, daß(er)…verhindern wollte, daß wieder so schwache und kranke Häftlinge kamen….Auf Reklamation meines Mannes (in Dachau) wurde mit-

---

5   Alle Briefe von Käte Hartmann an Rohrbach und umgekehrt sind in einem „Personal"-Ordner des Zementwerkes abgeheftet, tragen fast immer den Vermerk „pers".= persönlich und sind von der Sekretärin Rohrbachs, Maria Ott, geschrieben: buchhalterisch wird demnach unterschieden zwischen ZV und Rudolf Rohrbach.

geteilt, man hätte diese Leute wegen Typhusverdacht nicht schicken können. Mein Mann, der damit beweisen wollte, daß er den besten Willen hatte, eine Katastrophe zu verhindern, mußte nun erleben, daß das Gericht sich auf einen ganz anderen Standpunkt stellte, und zwar, mein Mann habe wie im Altertum Menschenhandel getrieben und sich wie ein Sklavenhalter eine Ware auf dem Markt ausgesucht".

Ihr Mann sei „sehr verbittert und enttäuscht", habe jedoch „schon wieder einen Plan", den Rohrbach mit Couders besprechen möge. „Mein Mann geht von der Überlegung aus, daß die Revision verworfen wird und daß er selbst auf dem Gnadenweg im Höchstfalle die Hälfte ‚geschenkt' bekommt, das würde also noch mindestens 2 Jahre Gefängnis bedeuten." „Vielleicht könnte Herr Capitaine Couderc bei der Verwaltung in Baden-Baden eine Stelle nennen", schließlich sei ja Interesse für seine Arbeiten „einmal beim Ministère d'armement in Paris der Fall" gewesen, er sei „Spezialist in der Kaltverformung von Blechteilen...,(habe) dafür neuartige Bearbeitungsmethoden entwickelt, die für die Konstruktion und Fabrikation von Waffen weitgehende Anwendung fanden". Käte Hartmann übersieht jedoch bei all ihren Bemühungen die Chuzpe Franz Hartmanns oder dessen Intuition, sich dem französischen Rüstungsministerium als in Rastatt verurteilter Criminel de Guerre als Fachmann für Waffenherstellung anzudienen.

Umschlag eines Briefes aus Wittlich vom 12.9.51 (Poststempel)
Inhaftierten-Sendung (Gebührenfrei)

Briefe aus Wittlich

Paul Marek schrieb aus der „Strafanstalt und Jugendgefängnis Wittlich"[1], später als „Kriegsverbrecher-Gefängnis" bezeichnet, wo er nach dem Rastatter Urteil seine 20jährige Haftstrafe verbüßen musste, seiner Frau Helene einige Briefe in Druckschrift. Es dürften wohl alle vollständig von ihr aufbewahrt worden sein, wenn man den Schrecken über die Verurteilung ihres Mannes und ihre Bemühungen zum Beweis seiner Unschuld berücksichtigt.

Offensichtlich war den Gefangenen in „(22 b) Wittlich, Hindenburgstr. 32" es zunächst einige Jahre lang nicht gestattet überhaupt zu schreiben, was mit ihrem Status als verurteilte „Kriegsverbrecher" zu tun hatte. Die Briefe im Format 20x20 cm enthalten lediglich den Vordruck „Wittlich, den.." Auf einem anderen vorgedruckten Briefformular aus dem Jahr 1948 wird darauf in Deutsch und Französisch hingewiesen: „Der Brief ist in gut leserlicher Schrift zu schreiben", Stenographie, eigene Chiffrierungen seien „unzulässig", und „der Umfang des Briefes darf 20 Zeilen nicht überschreiten". Außerdem ist die Gefangenen-Nummer anzugeben[2].

In seinem Brief vom 30. 8. 1950 überschreitet Paul Marek diese Zahl deutlich, allerdings stimmt die Anzahl der vorgedruckten Zeilen auf der ersten Seite noch, durfte jedoch wegen des Anlasses und des wichtigen Inhalts überschritten werden.

Berücksichtigt man das Datum und die Formulierung „wir können wieder schreiben",so waren inzwischen mehr als fünf nach der Verhaftung und über dreieinhalb Jahre nach dem Urteilsspruch vergangen:

„Liebe Helene wir können wieder schreiben und so schreibe ich Dir gleich wieder". Marek wiederholt und zitiert mehrfach das Bundesgesetzblatt, das Neues verkündet hatte: „Wir dürfen wieder schreiben" weist darauf hin, dass eine Briefzensur

---

1   Die Banderole in gothischer Schrift zeigt diese Bezeichnung, obwohl es auch eine JVA=Justizvollzugsanstalt in Wittlich gibt. Wann die Hindenburgstraße umbenannt wurde, ist unklar, aber verständlich.

2   Brief Fritz Fortmanns, ebenso in Rastatt verurteilt, war ebenso in Wittlich, durfte jedoch bereits im August 1948 auf diesem gängigen Formular nach Schömberg schreiben. Brief vom 11. 8. 1948 im Privatarchiv Opfermann. Ob der frühere Zeitpunkt des Schreibendürfens mit dem niedrigeren Strafmaß von fünf Jahren für Fortmann oder mit der politischen Entwicklung zur/der Bundesrepublik zusammenhängt, ist nicht klar.

JVA Wittlich, 1932

Wittlich, den 30. 8. 1950

31. AUG 1950

Liebe Helene wir können wieder schreiben und so schreibe ich Dir gleich wieder. Es kam ein Gesetz aus dem Bundesgesetzblatt Nr. 24 vom 13 Juni 1950 über die Unterhaltsbeihilfe für Angehörige von Kriegsgefangenen vom 13 Juni 1950. Der Bundestag hat das folgende Gesetz beschlossen: Die Ehefrau und die sonstigen unterhaltsberechtigten Angehörigen eines gefangenen, der sich nach 31 März 1950 noch in Kriegsgefangenschaft befindet, erhalten eine Unterhaltsbeihilfe nach den Vorschriften dieses Gesetzes. Kriegsgefangene im sinne dieses Gesetzes sind Personen, die anläßlich militärischen oder militärähnlicher Dienstes gefangen genommen wurder und noch von einer ausländischen Macht festgehalten werden. Was in Erzingen gewesen war war auch militärischer oder militärähnlicher Dienst anzusehen ist, richtet sich nach den für die Versorgung der Kriegshinterbliebenen geltenden Vorschriften. Personen, die im Zusammenhang mit Kriegsereignissen verschleppt worden sind oder von einer ausländischen Macht festgehalten werden. Liebe Helene gebe acht was ich Dir schreibe. Als Unterhaltsbeihilfe werden den in Absatz 1 bezeichneten Personen die gleichen Leistung gewährt. Die Unterhaltsbeihilfe wird auf Antrag gewährt. Die Unterhaltsbeihilfe wird vom Ersten des Monats an gewährt in dem der Antrag gestellt wird. Werden Anträge binnen 3 Monaten nach Verkündigung dieses Gesetzes gestellt, so wird die Unterhaltsbeihilfe vom Tage seines Inkrafttretens angewährt. Der Anspruch auf Unterhaltsbeihilfe besteht nur insoweit als nicht schon anderweitig ein Rechtanspruch auf Bezüge aus öffentlichen Mitteln gegeben ist. Der Anspruch auf Unterhaltsbeihilfe erlischt mit ablauf des auf die Heimkehr des Kriegsgefangenen folgenden Monats. Die Bundesregierung erläßt

Erster Brief vom 30.8. 1950 aus Wittlich

mit Zustimmung des Bundesrates die zur Durchführung dieses Gesetzes erforderlichen allgemeinen Verwaltungsvorschriften. Dieses Gesetz tritt am 1. April 1950 in Kraft. Das vorstehen Gesetz wird, nach dem der Bundesrat von seinem Recht nach Artikel 77 Absatz 2 des Grundgesetzes kein Gebrauch ge macht hat hiermit verkündet. Wenn du den Brief empfangen hast so mache gleich ein Antrag an die Gemeinde denn die Gemeinde wird auch schon wissen, dass das Gesetz am 71 März Inkraftgetreten ist. Liebe Helene du muss halt alles angeben, dass du nie bei einer Mutter bist und muss arbeiten damit du und das Kind sie ernähren muss. Das Bürgermeisteramt kann es dir nicht ablehnen. Denn wir sind jetzt keine Kriegsverbrecher bei den deutschen nur noch bei Franzosen. Die B... was du mir schreiben wirst gebe keine Briefmarke mehr. Schreibe so wie ich Schreibe. Vielleicht nur bei Paketen du muss halt sich erkundigen wieder ist. Bei den deutschen sind wir Kriegsgefangenen weil wir von fremden Macht betraft sind. Also liebe Helene du wirst sich wohl wissen was du ... machen hast denn ich habe dir das so ungefähr aufgeschrieben.

Bis dahin die Besten Grüsse sendet dir Paul. Schreibe mir gleich.

Rückseite des ersten Briefes vom 30.8. 1950 aus Wittlich

aufgehoben wurde, die wegen französischen Misstrauens erhoben worden war, denn angeblich hatten entlassene Häftlinge in der Presse gegen Frankreich Stimmung gemacht. Die Briefzensur war ausgeweitet worden, weil sich Gefangene angeblich hinter Presseartikeln versteckt hätten, um französische Beamte zu desavouieren: deshalb waren in Wittlich neben der Zensur auch Presseschau und Radiohören eine Zeitlang verboten. Jetzt darf Marek „wieder schreiben". Vgl. Spies a.a.O. S.153

„Es kam ein Gesetz aus dem Bundesgesetzblatt Nr. 24 vom 13. Juni 1950 über die Unterhaltsbeihilfe für Angehörige von Kriegsgefangenen von 13. Juni 1950. Der Bundestag hat das folgende Gesetz beschlossen: Die Ehefrau und die sonstigen unterhaltsberechtigten Angehörigen einen gefangenen, der sich nach 31 März 1950 noch in Kriegsgefangenschaft befindet, erhalten eine Unterhaltsbeihilfe nach den Vorschriften dieses Gesetzes. Kriegsgefangene im Sinne dieses Gesetzes sind Personen, die anlässlich militärischen oder militärähnlichen Dienstes gefangen genommen wurden und noch von einer ausländischen Macht festgehalten werden. Was in Erzingen gewesen war war auch militärischer oder militärähnlicher Dienst anzusehen ist, richtet sich nach den für die Versorgung der Kriegshinterbliebenen geltenden Vorschriften. Personen, die im Zusammenhang mit Kriegsereignissen verschleppt worden sind oder von einer ausländischen Macht festgehalten werden.
Liebe Helene gebe acht was ich Dir schreibe. Als Unterhaltsbeihilfe werden den in 21 (durchgestrichen, gemeint ist „§ 1") Absatz 1 bezeichneten Personen die gleichen Leistung gewährt, Die Unterhaltshilfe wird auf Antrag gewährt. Die Unterhaltshilfe wird vom Ersten des Monats an gewährt, in dem der Antrag gestellt wird, Werden Anträge binnen 3 Monaten nach Verkündigung dieses Gesetzes gestellt, so wird die Unterhaltsbeihilfe vom Tage seines Inkrafttretenes an gewährt. Der Anspruch auf Unterhaltshilfe besteht nur insoweit, als nicht schon anderweitig ein Rechtanspruch auf Bezüge aus öffentlichen Mitteln gegeben ist. Der Anspruch auf Unterhaltshilfe erlischt mit ablauf des auf die Heimkehr des Kriegsgefangenen folgenden Monats. Die Bundesregierung erlässt mit Zustimmung des Bundesrates die zur Durchführung dieses Gesetzes erforderlichen allgemeinen Verwaltungsvorschriften. Dieses Gesetz tritt am 1.April 1950 in Kraft. Das vorstehen Gesetz wird, nach dem der Bundesrat von seinem Recht nach Artikel 77 Absatz 2 des Grundgesetzes kein Gebrauch gemacht hat

Gesetz

über die Unterhaltsbeihilfe für Angehörige von Kriegsgefangenen,

Vom 13. Juni 1950.

Der Bundestag hat das folgende Gesetz beschlossen:

§ 1

(1) Die Ehefrau und die sonstigen unterhaltsberechtigten Angehörigen eines Kriegsgefangenen, der sich nach dem 31. März 1950 noch in Kriegsgefangenschaft befindet, erhalten eine Unterhaltsbeihilfe nach den Vorschriften dieses Gesetzes.

(2) Als unterhaltsberechtigte Angehörige im Sinne dieses Gesetzes gelten diejenigen Personen, die nach geltendem Recht als Kriegshinterbliebene Anspruch auf Versorgung hätten.

§ 2

(1) Kriegsgefangene im Sinne dieses Gesetzes sind Personen, die anläßlich militärischen oder militärähnlichen Dienstes gefangen genommen wurden und noch von einer ausländischen Macht festgehalten werden. Was als militärischer oder militärähnlicher Dienst anzusehen ist, richtet sich nach den für die Versorgung der Kriegshinterbliebenen geltenden Vorschriften.

(2) Den Kriegsgefangenen gleichgestellt sind Personen, die im Zusammenhang mit den Kriegsereignissen verschleppt worden sind oder von einer ausländischen Macht festgehalten werden.

§ 3

(1) Als Unterhaltsbeihilfe werden den in § 1 Absatz 1 bezeichneten Personen die gleichen Leistungen gewährt, auf die Kriegshinterbliebene nach geltendem Recht Anspruch haben.

(2) Die Unterhaltsbeihilfe wird auf Antrag gewährt.

(3) Wird im Zeitpunkt des Inkrafttretens dieses Gesetzes bereits Unterhaltsbeihilfe oder eine gleichartige Leistung nach geltendem Landesrecht gewährt, so bedarf es keines neuen Antrages.

§ 4

(1) Die Unterhaltsbeihilfe wird vom Ersten des Monats an gewährt, in dem der Antrag gestellt wird. Werden Anträge binnen 3 Monaten nach Verkündung dieses Gesetzes gestellt, so wird die Unterhaltsbeihilfe vom Tage seines Inkrafttretens an gewährt.

(2) Der Anspruch auf Unterhaltsbeihilfe besteht nur insoweit, als nicht schon anderweitig ein Rechtsanspruch auf Bezüge aus öffentlichen Mitteln gegeben ist.

§ 5

Der Anspruch auf Unterhaltsbeihilfe erlischt mit Ablauf des auf die Heimkehr des Kriegsgefangenen folgenden Monats.

§ 6

Die Bundesregierung erläßt mit Zustimmung des Bundesrates die zur Durchführung dieses Gesetzes erforderlichen allgemeinen Verwaltungsvorschriften.

§ 7

Dieses Gesetz tritt am 1. April 1950 in Kraft.

———

Das vorstehende Gesetz wird, nachdem der Bundesrat von seinem Recht nach Artikel 77 Absatz 2 des Grundgesetzes keinen Gebrauch gemacht hat, hiermit verkündet.

Bonn, den 13. Juni 1950.

Der Bundespräsident
Theodor Heuss

Der Bundeskanzler
Adenauer

Der Bundesminister
für Angelegenheiten der Vertriebenen
Dr. Lukaschek

Der Bundesminister der Finanzen
Schäffer

Gesetz über die Unterhaltshilfe für Angehörige von Kriegsgefangenen

hiermit verkündet. Wenn Du den Brief empfangen hast so mache gleich ein Antrag an die Gemeinde denn die Gemeinde wird auch schon wissen, dass das Gesetz am 31. März in Kraft getreten ist. Liebe Helene du muss halt alles angeben dass du nun bei deiner Mutter bist, und muss arbeiten damit du und das Kind sich ernähren muss. Das Bürgermeisteramt kann es dir nicht ablehnen. Denn wir sind jetzt keine Kriegsverbrecher bei den deutschen nur noch bei Franzosen. was du mir schreiben wirst gebe keine Briefmarke mehr. Schreibe so wie …t ich schreibe . Vielleicht nur bei Paketen du muss halt sich Erkundigen wie das ist. Bei den deutschen sind wir Kriegsgefangenen weil wir von fremden macht bestraft sind.

Also liebe Helene du wirst jetzt wohl wissen was du (zu) machen hast, denn ich habe dir das so ungefähr aufgeschrieben. Schreibe mir gleich.

Bis dahin die Besten Grüße sendet dir Paul."

Unschwer lassen sich die Passagen aus dem Bundesgesetzblatt identifizieren, weil Marek den Text wohl vor sich liegen hatte, als er den Brief schrieb. Im Original sind Kommata in Bleistift nachträglich hinzugefügt, so dass anzunehmen ist, dass ein anderer den Brieftext noch einmal durchgelesen, jedoch Recht- und Abschreibfehler nicht korrigiert hat. So bleibt der eigene Sprachduktus Paul Mareks stellenweise erhalten, der durch Mündlichkeit z.B. „halt" und Verschlucken von Endkonsonanten bei „muss" gekennzeichnet ist, die korrekte Imperativform wird nicht verwendet („gebe" statt „gib"): ob der belehrende Ton (Gib acht) seiner Frau gegenüber Pauls Sprache überhaupt charakterisiert, ist nicht zu beurteilen, könnte möglicherweise jedoch mit der gewissen „Weltläufigkeit" des Briefschreibers, der ja bereits an vielen Baustellen der Firma König eingesetzt war und in Erzingen sich mutmaßlich ohne schwäbisches Idiom der Hochsprache Deutsch im Mündlichen bediente, Eindruck auf Erzinger gemacht haben. Wichtig ist Paul Marek, dass er seine Frau und sein Kind durch das neue Gesetz über die „Unterhaltshilfe bei Angehörigen von Kriegsgefangenen" versorgt sieht, dass sein eigener Status sich geändert hat und er bei den Deutschen nicht mehr als Kriegsverbrecher gilt. Die offizielle abstrakte Sprache des Gesetzblattes und die Materie als solche hätten wohl auch anderen Schwierigkeiten bereitet.

Die von Helene Marek gesammelte Korrespondenz verrät nichts darüber, dass sie sofort die Anweisungen des Briefes vom August 1950 ausführte, ob sie die „Unterhaltshilfe" beantragte und bekam. Nach den Dokumenten zu urteilen, hat sie sich 1950 eher für Strafmilderung ihres Mannes eingesetzt. (s.u.)

Historisch betrachtet, stellt dieses Gesetz einen wichtigen Fixpunkt in der Entwicklung der Bundesrepublik Deutschland dar, weil im gleichen Bundesgesetzblatt Nr. 24 aus dem Jahr 1950 (7. und 14.Juni 1950) die Bedingungen zum Bundeshaushaltsplan 1949 genannt und auf die Begrifflichkeit der Nazi- und Besatzungszeit Bezug genommen ist, frühere Begriffe werden durch bundesdeutsche ersetzt, eine „Anordnung über die deutschen Flaggen" erteilt, der 8. Mai als Tag der Kapitulation und das „Grundgesetz“ sind genannt[3].

Der nächste Brief, den Helene Marek bekam, ist vom 11. März 1951 und hat wiederum wichtige Einschätzungen und Tatsachen zum Inhalt, die Pauls Stimmung im Frühjahr dieses Jahres deutlich machen:

„Meine liebe Helene + Kind!

Liebe Frau dein Päckchen hat mich schnell überrascht, kaum ich Post erhalten habe von dir, und schon hinterher Päckchen, dass ginge bei dir wie am laufenden Band. Ich bedanke dir recht herzlich dafür, dass das so schnell gegangen und trotzdem bei der Füllen Arbeit was du hast denkst doch an mich. Ich habe doch eine gute Frau die auf mich denkt. Liebe Helene Gesundheitlich geht es mir gut und ich hoffe von Euch allen dasselbe, denn Gesundheit ist das halbe Leben. Dein Brief habe ich auch erhalten vom Evangelischen Hilfswerk es ist ja gut und schön, aber ich glaube nicht das was für mich kommt denn der Hass war in Rastatt so gross, dass ich so belasstet war und ich habe keinen Menschen was getan nur Arbeit habe ich verlangt und weiter gar nichts und für das muss ich jetzt meine Strafe büssen und trotzdem war ich kein Nazi nur befehle auf der Baustelle ausgeführt und die Goldfasannen die sind noch heute auf der Freiheit und der kleine Mann muss jetzt büssen, aber es bleibt nicht ewig so wie es jetzt ist, einmal muss auch was für uns kommen ob sie uns lieben oder hassen einmal müssen sie uns doch entlassen.

Liebe Helene der Schneider Gutzpächter wo früher am Waldhof gewesen war vor Eugen Berger war heute entlassen 5 Monate haben Sie im geschenkt die Kinder haben

---

3   „Gesetz über die Aufstellung des Bundeshaushaltsplans für das Rechnungsjahr 1949 sowie über die Haushaltsführung und über die vorläufige Rechnungsprüfung im Bereich der Bundesverwaltung (Haushaltsgesetz 1949 und Vorläufige Haushaltsordnung) Vom 7. Juni 1950“ „Der Bundestag hat das folgende Gesetz beschlossen: §1 (1) Für die Aufstellung des Bundeshaushaltsplans und seine Ausführung, für die Bewirtschaftung der Mittel und für die Überwachung der Haushalts-und Wirtschaftsführung gelten die Vorschriften der Reichshaushaltsordnung und die zu ihrer Ergänzung und Durchführung erlassenen Bestimmungen in der am 8. Mai 1945 gültigen Fassung entsprechend, soweit sie nicht dem Grundgesetz widersprechen oder in diesem Gesetz etwas anderes bestimmt ist“. In § 1 (3) wird geregelt, dass die Bzeichnungen geändert werden von „der Verwaltung des Vereinigten Wirtschaftsgebietes des Reiches“ in die der „Bundesrepublik Deutschland“, deren Verfassungsorgane statt Reichs- nun „Bundespräsident, Bundestag, Bundesrat, Bundeskanzler…“ usf. heißen sollen, ebenso der „Bundesrechnungshof oder sein Präsident“. Bundesgesetzblatt 1950, Nr.24, Ausgegeben am 14. Juni 1950, S.199.

Wittlich, den 11. 3. 1951

Meine liebe Helene + Kind!

Liebe Frau dein Päckchen hat mich schnell überrascht, kaum ich Post erhalten habe von dir, und schon hinterher Päckchen, dass ginge bei dir wie am laufenden Band. Ich bedanke dir recht herzlich dafür, dass das so schnell gegangen und trotzdem bei der vollen Arbeit was du hast denkst doch an mich. Ich habe doch eine gute Frau die auf mich denkt. Liebe Helene gesundheitlich geht es mir gut und ich hoffe von Euch allen dasselbe, denn Gesundheit ist das halbe Leben. Dein Brief habe ich auch erhalten vom evangelischen Hilfswerk es ist ja gut und schön, aber ich glaube nicht das was für mich kommt denn der Hass war in Rastatt so gross, dass ich so belastet war und ich habe keinen Menschen was getan nur Arbeit habe ich verlangt und weiter garnichts und für das muss ich jetzt meine Strafe büssen und trotzdem war ich kein Nazi nur Befehle auf der Baustelle ausgeführt und die Goldfasannen die sind noch heute auf der Freiheit und der kleine Mann muss jetzt büssen, aber es bleibt nicht ewig so wie jetzt ist, einmal muss auch was für uns kommen ob sie uns lieben oder hassen einmal müssen sie uns doch entlassen. Liebe Helene der Schneider Gütz pächter wo früher am Waldhof gewesen war vor Eugen Berger war heute entlassen 5 Monate haben sie im geschenkt die Kinder haben Gesuch gemacht und der landwirtschaftsminister Heinrich Stooß. So geht es fast jeden Monat ein Mann weg. Liebe Helene ich bin wieder an Körbe machen, angefangen haben wir am 23. Febr. nur 2 Mann Kartoffelkörbe und Waschkörbe erst später die Weide für Wandkörbe kommt ins Wasser ende April kommt die Weide aus dem Wasser heraus und dann wird sie geschält. Neues weiss ich hier nichts. Viele Grüße an alle daheim. Liebe Helene die besten Grüße und Küße sendet dir dein Paul

Paul Mareks Brief vom 11. März 1951

Ich habe alles von der Firma erhalten heute Sonntag, also nicht mehr
schreiben. Quittungskarte und ein Schreiben noch bei.

Gesuch gemacht und der Landwirtschaftsminister Heinich Stooß. So geht es fast je-den Monat ein Mann weg. Liebe Helene ich bin wieder am Körbe machen, angefan-gen haben wir am 23. Febr. nur 2 Mann Kartoffelkörbe und Waschkörbe erst später die Weide für Waschkörbe kommt ins Wasser ende April kommt die Weide aus dem Wasser heraus und dann wird sie geschält. Neues weiss ich hier nichts.
Viele Grüße an alle daheim. Liebe Helene die besten Grüße und Küße sendet dir dein Paul".

Will man den Brief kommentieren, so beherzigte Helene den Rat des vorigen Briefes, nicht so viel für Briefmarken und lieber bei Päckchen Geld auszugeben, of-fenbar nur zeitweise, denn Paul freute sich sehr sowohl über „Post", was Brief heißt, wie über ein Päckchen unmittelbar nacheinander, „am laufenden Band". Er reflek-tiert, dass er eine „gute Frau" hat, die ihn trotz der vielen Arbeit wohl in der Erzinger Landwirtschaft nicht vergisst. Helene hat das „Evangelische Hilfswerk"[4] eingeschal-tet, um von dieser Seite Hilfe zu bekommen, Paul jedoch glaubt nicht daran, weil „der Hass in Rastatt so groß" gewesen sei. Er rechtfertigt sich für sein Verhalten, weil er „nur Arbeit verlangt" habe, aber „kein Nazi" gewesen sei, er habe „nur Befehle auf der Baustelle ausgeführt". Dieser Argumentation zum sogenannten „Befehlsnot-stand" folgten 1951 viele ehemalige Funktionsträger des Naziregimes, der „Nürnber-ger Prozess" und in seiner Nachfolge andere weitere Gerichtsverhandlungen zeitig-ten immer wieder, dass nationalsozialistische Täter nichts getan haben wollten, weil sie lediglich „Befehle ausgeführt" hätten . Dies wurde von/in der jungen Bundesre-publik ja auch gefördert durch die offizielle Politik der Adenauerregierung, die ohne die ehemaligen Funktionäre nicht ausgekommen wäre. Diese im „Volksmund" der Nachkriegszeit sogenannten „Goldfasane" hatten sich in NS-Parteiuniformen vor dem Kriegsdienst gedrückt, was ihnen jedoch nicht geschadet hatte, denn sie konn-ten sich später wieder in Ämtern und Behörden etablieren. Das betraf auch die Jus-

---

4   Das „Evangelische Hilfswerk" wurde Ende August 1945 gegründet: Nach dem Potsdamer Abkommen ström-ten ab August 1945 Flüchtlinge und Vertriebene nach Deutschland. Diesen sollte geholfen werden. Initiator und erster Leiter war von 1945-1951 Eugen Gerstenmaier, der langjährige Bundestagspräsident und ehemaliger Widerstandskämpfer im Kreisauer Kreis. – Das „Evangeliche Hilfswerk" setzte sich ebenso auch für Internier-te, für ehemalige Nazis und mutmaßliche Kriegsverbrecher oder KZ-Personal ein.

tiz, die 1969 von der Studentenbewegung mit dem Slogan „Unter den Talaren der Muff von tausend Jahren" angegriffen wurde.

Paul Marek meint sich, wenn er im Gegensatz zu diesen Profiteuren des ehemaligen Regimes sich als „kleine(n) Mann" sieht, der jetzt „büßen" müsse, während die Großen davonkommen, weil ihnen von offizieller staatlicher oder kirchlicher Seite geholfen wurde, was sich wie die communis opinio aller kleinen Leute anhört. Marek versucht sich in gereimter Form Mut zu machen, wenn er Helene schreibt „ob sie uns lieben oder hassen einmal müssen sie uns doch entlassen", was wie ein aufmunternder Motivations- und Durchhaltereim im Gefängnisalltag klingt.

Sehr konkret teilte er seiner Frau mit, dass der ehemalige „Gutspächter" – er schreibt, wie er mit polennahem Akzent[5] gesprochen hat „Gutzpächter – des „Waldhofes" bei Geislingen, Eugen Berger, entlassen worden sei, nachdem dessen Kinder „ein Gesuch" an den „Landwirtschaftsminister Heinrich Stooß"[6] eingereicht und ihm „5 Monate geschenkt" hätten. NS-Parteigenosse Eugen Berger, der 14 Kinder hatte, war als Ortsbauernführer von Wilflingen auf den „Waldhof", die Staatsdomäne der Stauffenbergs, gekommen, nachdem die Familie Stauffenberg im Zuge der Sippenhaft wegen des Attentats vom 20. Juli 1944 den Hof hatte verlassen müssen und dieser Berger überschrieben worden war. Nach dem Krieg mussten die Grafen von Stauffenberg nach Auskunft des Grafen Franz vergleichsweise viel bezahlen, um wieder in den Besitz des Waldhofes zu gelangen, weil Berger, obwohl ehemaliger Nazi, der in Wilflingen die Leute unter Druck gesetzt hatte, den Waldhof behalten wollte und die große Kinderzahl als Druckmittel einsetzte[7]. Die Stauffenbergs waren in Geislingen bei Balingen nach dem 20. Juli 1944 in Arrest, also in der Nähe des Waldhofes.

Am Ende des Briefes, nachdem er vorher sehr resignativ festgestellt hatte „So geht fast jeden Monat ein Mann weg", merkt Paul Marek selbst, dass er seiner Frau zum Schluss noch von seiner Arbeit im Gefängnis berichten muss, damit nicht alles

---

5   Laut Wehrpass versteht Paul Marek Polnisch; bei „Fremdsprachen" ist notiert, dass ihm „polnisch im Wort" zur Verfügung stehe.

6   Heinrich (Gottlob) Stooß 1896 – 1971. Landwirt und Politiker.

7   Freundliche Auskunft des Grafen Franz Schenk von Stauffenberg, Wilflingen bei Langenenslingen, am 4.12. 2007, Sohn des damals vom Waldhof vertriebenen Grafen.

so trostlos ist: Er macht „Kartoffel- und Waschkörbe" aus Weiden, erklärt, wie diese in Wasser zum Biegen eingeweicht werden. Offenkundig möchte er zeigen, dass er die Hoffnung noch nicht ganz aufgegeben hat, vorzeitig entlassen zu werden, es geht ihm ja, wie er anfangs betont, „gesundheitlich gut" und „Gesundheit ist das halbe Leben", wie er sentenzenhaft sagt. Seine Grüße „allen daheim" und „Grüße und Küsse" für Helene.

Diese hatte in einer Illustrierten, „Heft 35/36" der „DND DIE NEUE DEMO-KRATIE im Bild", einen Beitrag zum Rastatter Prozess mit dem Bild ihres Mannes die fürchterlichen und ignoranten Verdrehungen über seine angeblichen Taten gelesen, dass sie erschrocken und entsetzt gewesen sein muss.

Marek als 15. Angeklagter „Marek(rechts unten) hat die Häftlinge so gründlich beseitigt (es starben ihrer täglich zwanzig), daß niemand mehr da ist, der über Einzelheiten zu berichten vermag"[8]. An Tatsachen ist der Bericht wenig interessiert, verdreht Gehörtes oder Gelesenes, verwechselt wahrscheinlich absichtsvoll die Konzentrationslager Dautmergen und Erzingen, dichtet Marek wegen der, wenn man will, Namensähnlichkeit Taten an, die wohl von dem polnischen Angeklagten Maurice Markus in Dautmergen hätten begangen werden können. Dort war ja die tägliche Zahl der Toten wirklich sehr groß, im Gegensatz zu Erzingen. Der Text bei den Bildern stellt die Angeklagten an den Pranger. „Eine Uniform, eine hohe Mütze, ein blinkender Kragenspiegel machte aus diesen Kreaturen Götter, nein Teufel, die mit Menschen nach Belieben spielen konnten. ‚In Auschwitz, in Dachau tötete man', so sagen ehemalige Häftlinge aus, die aus diesen Lagern nach Nazwiller kamen, ‚aber dort tötete man ausschließlich'. In Nazwiller quälte man. Und was tun die Angeklagten heute? Sie haben mit der Uniform ihre zackige Haltung verloren. Sie leugnen, sie leugnen". Entsprechend reißerisch ist auch die Überschrift „550 Angeklagte – 25 000 Ermordete": Sensation sollte illustriert und bebildert sein, Leser mussten voyeuristisch beeinflusst werden. Berücksichtigt man, dass die Texte der Schriftleitung von der Direction de l'Information, Baden-Baden, die ebenso das Amtsblatt

---

8   DND DIE NEUE DEMOKRATIE im Bild Heft 35/36 Illustrierte Wochenzeitschrift in der Französischen Zone. Titel-Bild „Heisser Boden" zu den Folgen des Krieges in Griechenland. Hintere Rückseite, S. 10. Verlag „Die Neue Demokratie", Baden-Baden, gedruckt bei Franz Burda, Offenburg. Wegen des Kriegsendes in Griechenland könnte diese Nummer der DND aus dem Jahr 1947 stammen, bleibt jedoch ungewiss.

vom JOURNAL OFFICIEL im Badischen Hof betreute, genehmigt sein mussten, ist anzunehmen, dass der redaktionelle Teil der DND letztlich wie zu erwarten von der französischen Besatzungsmacht verantwortet wurde [9].

Mit Marek und den gegen ihn erhobenen Vorwürfen hatte diese Art der Berichterstattung nichts zu tun, lediglich das Photo war richtig. Sollte Paul Marek auf irgendeine Weise von dieser Art der Desavouierung erfahren haben, nimmt es nicht wunder, dass er in seinem Brief sich sehr darüber freut, dass Helene noch zu ihm hält. Dass sie gegen solcherlei übelste Verleumdung kämpfte, zeigt ein Brief an Dr. Kloninger vom 24. Februar 1947, also aus der Zeit zwischen Urteilsverkündung und Urteilsveröffentlichung. Helene Marek schreibt:

„...Marek hätte die Häftlinge des Lagers Erzingen so gründlich beseitigt, es starben Ihrer täglich 20. Es ist ja furchtbar aber ganz Erzingen weiß ja, das Es eine große Lüge ist. Alle Leute von Erzingen würden mir unterzeichnen, daß es eine Lüge ist. Soll ich das machen, können Sie es gebrauchen? Sind Sie so gut und sorgen Sie dafür, daß eine Richtigstellung in der Zeitung kommt. Herr Pfarrer Bötsch sagte mir Er hätte gleich an den Verlag geschrieben. Ich bitte Sie sorgen Sie dafür".[10]

Es war der zu Ende gehende Monat Februar 1947, in dem Helga Kloninger für Marek Revision beantragt hatte, weshalb ihr daran gelegen war, den Unsinn, der in der „Neuen Demokratie" in diesem Heft über Marek verbreitet worden war, auch in ihrem Interesse als Offizialverteidigerin sofort richtigstellen zu lassen. Bereits am 23. Februar 1947 schrieb sie an die Schriftleitung der „Neuen Demokratie" – angesichts der Fakten-Verdrehungen ist der Name purer Hohn – , die „Falschmeldung über den Rastatter Kriegsverbrecherprozeß...(sei) denn doch etwas zu dick aufgetragen um unwidersprochen zu bleiben". „Die Fantasie ist der „DND" aber leider im Fall Marek (-den ich in diesem Prozeß vertreten habe-) in einem Maße durchgegangen, daß man sich nur kopfschüttelnd fragen kann, woher um alle Welt der Schreiber sei-

---

9   Die Schriftleitung haben Hermann Ahrens, Walter Rie..., Dr. Paul Mahlberg inne. Den Artikel unterschreibt „R." Die Nr.35/36 ist das letzte H (eft des Jahres, überhaupt?) Ausriss im Original.

10   Brief Helene Mareks an Dr. Kloninger vom 24. Februar 1947. Kreiarchiv Rastatt G/IVL Stödter a.a.O.

Traingen, den 24. Febr. 1947

Geehrte Frl. Dr. Kloninger!

Ich warte schon lange auf Post von Ihnen doch leider vergebens. Ich habe in einer Zeitschrift DND im Bild Heft 35/36 meinen Mann groß abgebildet mit dem Schwarz gesehen. Marek hätte die Häftlinge des Lagers Traingen gründlich beseitigt, es starben Ihrer täglich 20. Es ist ja furchtbar aber ganz Traingen weiß ja, daß es eine große Lüge ist. Alle Leute von Traingen würden mir unterzeichnen daß es eine Lüge ist. Soll ich das machen können Sie es gebrauchen? Sind Sie bitte so gut und sorgen Sie dafür, daß eine Richtigstellung in der Zeitung kommt. Herr Pfarrer Bötsch sagte mir

Brief Helene Mareks an Dr. Kloninger, die Verteidigerin ihres Mannes.
Das Urteil gegen Paul Marek war zu diesem Zeitpunkt bereits gefällt.

Er hätte gleich an den Verlag geschrieben.
Ich bitte Sie wegen die Papier. Auch wie
es mit der Revision steht. Mein Mann
hat mir geschrieben daß ein Zeuge gut
ausgesagt hätte für Ihn, der Zeuge
Hilbrau, wegen Sie mir auch die A... von
den diesem Mann. Auch hätte ich gerne
eine Urteilsabschrift von meinem Mann.
Und möchte gerne näheren Bescheid wissen,
auch wie lange Trusch in Rastatt bleibt.
Sind Sie bitte so gut und teilen Sie mir
mit, wen ich Sie in Tübingen einmal
sprechen kann.

       Mit besten Grüße Ihre
           Helene Marck

ne Informationen bezogen hat. Dem Prozeß kann er jedenfalls keine fünf Minuten beigewohnt haben, ich kenne jedenfalls keinen einzigen Angeklagten, auf den die gegen Marek erhobenen Anschuldigungen auch nur im entferntesten zutreffen. (Die Aeußerung, daß es keinen Zeugen mehr gäbe, der gegen ihn zeugen könne, läßt allerdings vermuten, daß entfernt an den Fall Patolla gedacht worden ist – der aber später auch soweit aufgeklärt wurde, daß dieser Angeklagte nur zu einer Zuchthausstrafe verurteilt wurde. Außerdem gehörte Patolla nicht dem Lager Erzingen[11] an). Zu Ihrer Information: 1. Das ganze Lager Erzingen hatte während seines etwa einjährigen Bestehens nur 6 (s e c h s) Tote – und die sind, wie der Lagerarzt Dr. Boutbien als Hauptzeuge aussagte, nicht direkte Opfer einer Mißhandlung gewesen.

2. Paul Marek ist wegen Mordes an einem Häftling und wegen Mißhandlungen angeklagt worden, tatsächlich aber aufgrund der Beweisaufnahme nur wegen Mißhandlungen zu einer 20jährigen Zuchthausstrafe verurteilt worden. Er zählt daher also bei 21 Todesurteilen unter 50 Angeklagten und einigen lebenslänglichen Zuchthausstrafen durchaus zu den „Minderbelasteten" – relativ verstanden, selbstverständlich....Auch ein Verurteilter hat noch eine gewisse Ehre. Da Paul Marek wirklich die auf dem Bild dargestellte Person ist und er dem Lager Erzingen als Vorarbeiter tatsächlich angeschlossen war – die einzig zutreffenden Angaben über ihn – erbitte ich eine entsprechende Berichtigung".[12]

Wie weit Helga Kloninger diesen Text so, wie er auf diesem Durchschlag erscheint, abschickte, lässt sich nicht erweisen, aber der Tenor der Verteidigerin und ihr Einsetzen für Marek ist unerschütterlich, zumal sie ja die Tatsachen für das KZ Erzingen zweifelsfrei richtig wiedergibt.

Erst im September 1952 nimmt eine andere Zeitung Bezug auf die angeblichen Ungeheuerlichkeiten: „Häftling Marek (werde) Anzeige erstatten gegen den Verlag

---

11   Josef Patollo hat als „Chef des Arbeitsplatzes Zepfenhan (OT)...die Internierten , die nach seiner Ansicht nicht genug arbeiteten, mißhandelt; er gibt übrigens zu, mit der Hand und zuweilen mit einem Stock geschlagen zu haben". Patollo gehörte also zum KZ Schörzingen, wurde zu „Zehnjähriger Gefängnisstrafe mit Zwangsarbeit" verurteilt. In: Opfermann:Leitfaden a.a.O. S.108 und 118.

12   Dr. Helga Kloninger z.Zt. Rastatt/Baden, 23. 2. 47 Herrenstraße 17 bei Pfarrer Schleiß. Kraisarchiv Rastatt a.a.O.

„die Neue Demokratie", der ihn schwerster Verbrechen beschuldigt"[13].

Helene Marek schreibt ihremMann weiter Briefe, ohne die falsche Berichterstattung zu erwähnen, was aus Mareks Antwort vom 29. April 1951 hervorgeht, denn er bedankt sich:

„Deinen lieben Brief habe ich mit freude erhalten und sage Dir besten Dank. Liebe Helene die Freude und damit auch der Dank ist umso grösser wenn ich was von Dir zu hören bekomme, denn das ist die einzige Freude was man hier ihm dem Hause hat, wenn meine Freude dann am grössten sein würde, wenn ich endlich nach so langen Jahren wieder zu Hause sein könnte da wird die Freude nochmal so gross. Liebe Helene wie ich dein Brief gelesen habe ersehe ich, dass Ihr schon Kartoffel gesteckt habet, habet Ihr schon eine Arbeit weniger und jetzt kommt die andere Arbeit Frucht bearbeiten und so geht es an dauernt".

Das Schlüsselwort „Freude" beherrscht den Anfang des Schreibens, verbunden mit der Sehnsucht, nach Hause zu kommen, wo ohne ihn die Landwirtschaft weitergeführt wird, an deren Arbeit er gern teilnähme. Marek geht auf Sätze des Briefes von Helene ein, wenn er mit Empathie fragt:

„Liebe Helene wie geht es der Mutter, ist schon besser oder noch nicht und wie geht es Dir meine liebe Frau gesundheitlich gut, mir geht es gesundheitlich gut nur die Freiheit brauche ich. Liebe Helene sei mir nicht deswegen böse".

Er kann auch nicht die Freiheit meinen, deretwegen sie nicht „böse" sein soll, sondern implizit weiß er, dass sie trotz ihrer Arbeit in der Landwirtschaft sich noch um seine Angelegenheiten kümmert, denn es geht um Unterlagen, die an den Kreis Balingen, Landrat Römer, verschickt werden sollten, damit sie Hilfe bekommt.

„Der Herr Kittel hat hier geschrieben an einen Kameraden Schwarz der ist an der Kasse und kam zu mir und hat zu mir gesagt, der Kittel schreibt Paul Marek soll die

---

13   .Mann in der Zeit Zeitung für Stadt und Land, Augsburg September 1952, Nr. 9, S. 2.

Wittlich, 1951   29. April 1951

Liebe Helene u. Kind!

Deinen lieben Brief habe ich mit Freude erhalten und sage Dir besten Dank. Liebe Helene die Freude und damit auch der Dank ist umso grösser wenn ich was von Dir zu hören bekomme, denn das ist die einzige Freude was man hier im dem Hause hat, wenn meine Freude dann am grössten sein würde, wenn ich endlich nach so langen Jahren wieder zu Hause sein könnte da wird die Freude nochmal so gross. Liebe Helene wie ich dein Brief gelesen habe ersehe ich, dass Ihr schon Kartoffel gesteckt habet, habet Ihr schon eine Arbeit weniger und jetzt kommt die andere Arbeit Frücht bearbeiten und so geht es an dauernd. Liebe Helene wie geht es der Mutter ist schon besser oder noch nicht und wie geht es Dir meine liebe Frau gesundheitlich gut, mir geht es gesundheitlich gut nur die Freiheit brauch ich. Liebe Helene sei mir nicht deswegen böse. Der Herr Kittel hat hier geschrieben an einen Kameraden Schwarz der ist an der Kasse und kam zu mir und hat zu mir gesagt, der Kittel schreibt Paul Marek soll die Unterlagen schicken an ihm, ich habe doch an Herrn Römer die Unterlagen geschickt/dass weiss so gut wie ich und Herr Römer hat sie geschickt an Rechtsanwalt Fuchs wenn du keine Zeit hast da brauchst garnichts machen, der Fuchs muss alles haben. Ich glaube ich habe Dir doch auch geschickt Unterlagen die muss du haben ich kann doch nicht jedes mal anders angeben. Also ich kann es nicht verstehen. Da muss man doch Herrn Kittel mitteilen, dass die Unterlagen bei Herrn Fuchs sind wenn er Dir helfen will. Aber das ist wenn meine Helene viel Arbeit hat. Viele Grüsse an alle daheim. Bis dahin sein herzlich gegrüsst von dein Paul.

Paul Mareks Brief vom 29. April 1951

unterlagen schicken an ihm, ich doch an Herrn Römer die unterlagen geschickt, dass weiss so gut wie ich und Herr Römer hat sie geschickt an Rechtsanwalt Fuchs wenn du keine Zeit hast da brauchst gar nichts machen, der Fuchs muss alles haben. Ich glaube ich habe Dir doch auch geschickt unterlagen die muss du haben ich kann doch nicht jedes mal anders angeben. Also ich kann es nicht verstehen. Da muss man Herrn Kittel mitteilen, dass die unterlagen bei Herrn Fuchs sind wenn er Dir helfen will".

Die Atemlosigkeit des Satzbaus fast ohne Struktur offenbart deutlich das Unverständnis über die Bürokratie, über die er schier verzweifelt, weil niemand ihm oder Helene wirklich hilft.

Hans Fuchs, Rechtsanwalt beim Amtsgericht Rastatt und Landgericht Offenburg, hatte am 29. November 1950 an Paul Marek gechrieben, dass er sich in seiner „Gnadensache" „erneut sehr nachdrücklich um die Bearbeitung bemühen werde". Diese war vom Evangelischen Pfarramt Erzingen bereits am 9. März 1950 – immer vergeht sehr viel Zeit – durch ein Bittgesuch „an den Herrn Regierungskommissar beim Tribunal de Ière Instance zu Rastatt" angestoßen worden.

„Auch das Evang. Pfarramt von Erzingen möchte mit der Bitte um Strafmilderung und Begnadigung des Paul Marek an den Herrn Regierungskommissar herantreten. Schon vor über 2 Jahren wurde durch gsammelte Unterschriften der Bevölkerng von Erzingen die Bitte um Begnadigung ausgesprochen. So ist auch diese Bitte im Sinne der gesammten Bevölkerung von Erzingen.
Wenn Marek auch manches getan hat, was nicht recht war, so hat er ja dafür nun schon eine 5jährige Strafe verbüsst. Auf der andern Seite muß gesagt werden, daß für manche böse Handlung, die im dritten Reich an Ausländern oder an den eigenen Volksgenossen geschah, so auch hier bei Marek, nicht der kleine Mann die letzte Verantwortung trägt, sondern die über ihm stehenden großen Treiber.
So wird im Blick auf die schuldlose Frau und das kleine unchuldige Töchterlein des Verurteilten Paul Marek nochmals die Bitte ausgesprochen, Gnade walten zu lassen".

Tatsächlich zeigten die Bittgesuche positive Folgen: Marek wurde am 15. September 1950 ein „Gnadenerweis von 5 Jahren" zugestanden.

Ein weiterer Brief des Erzinger Pfarramtes an die gleiche Adresse vom 7. Dezember 1950 betont die schlimme Lage der Familie in Erzingen: „Frau Marek lebt hier mit ihrem 5 Jahre alten Töchterlein, ihrer fast 74jährigen kranken Mutter und einer Schwester zusammen. Mit der Schwester betreibt Frau Marek eine kleine Landwirtschaft, um den Lebensunterhalt für die vier Personen aufzubringen. Die Gesundheit von Frau Marek hat unter der schweren Arbeit sehr gelitten[14]. Die geringen Einnahmen erlauben es nicht, eine männliche Kraft einzustellen. Ohne eine solche kommen die Frauen jedoch nicht länger durch".

Diesen Brief leitete das Erzinger Pfarramt mit gleichem Datum weiter an Landesbischof D. Wurm: „Vor einem Jahre wurde ein Gnadengesuch mit vielen Unterschriften von Gemeindegliedern eingereicht. Gleichzeitig wurden mehrere Zeugnisse für Herrn Marek vorgelegt". „Darf ich mir", schreibt der Pfarrverweser K. Schad, „die höfliche Frage erlauben, ob es Ihnen möglich wäre, das beiliegende Gesuch befürwortend weiterzuleiten? Herr Marek selbst ist katholisch, seine Familie jedoch evangelisch"[15].

Die erwähnte Unterschriftensammlung im Jahr 1949 für Marek könnte im Zusammenhang mit dem Bericht in der Illustrierten DND stehen, dessen Falschheiten die Erzinger zu dieser Maßnahme veranlassten. In anderer Presse ist sie genannt.

Die Erwähnung des Rechtsanwalts Fuchs und des Landrats Römer zielt also im Brief vom April 1951 auf eine endgültige Entlassung nach der Begnadigung hin. Die dafür nötigen „Unterlagen" sollen durch Helene, auch wenn sie „viel Arbeit hat" überbracht werden.

Friedrich Römer (2.6. 1912 – 18.5. 1996) war Landrat im Kreis Balingen von 1948 bis 1967, hatte also qua Verwaltung mit der französischen Besatzungsmacht zu tun,

14   Dies bestätigte derBalinger Arzt Dr. Fular: „Helene Marek leidet seit drei Jahren an Arthritis rheumatica…,sodass die Patientin in nennenswertem Umfang landwirtschaftliche Arbeiten kaum leisten kann, da stets erneute Rezidive auftreten, sobald Arbeiten in Kälte und Nässe verrichtet werden müssen…Brief vom 12.Mai 1951, Als Abschrift vom ev. Pfarramt bestätigt am 1.6. 1951, unterzeichnet von Pfarrer K. Schad.

15   Brief des ev. Pfarramtes vom 7. Dezember 1950, den "Ihr dankbar ergebener" K. Schad als Pfarrverweser unterschreibt

soll möglicherweise ein Fürsprecher im casus Marek sein[16].

Wie weit seine Autorität bei den Franzosen reichte, konnte vielleicht von einem in Wittlich einsitzenden Gefangenen oder auch von seiner Frau Helene nicht hinreichend eingeschätzt werden. Allerdings hatte sie im September 1951 Besuch von Simon Kellinger, Mareks Zellengenossen in Wittlich, SS-Mann aus Rumänien, der im März 1951 „vom Franzosen entlassen" worden war[17]. Seine Freilassung dürfte bei den Familien Marek/Jetter Unverständnis ausgelöst haben, war er doch für die Franzosen während des Prozesses und vorher im KZ Erzingen „Le grand carabine" und „alias Mitraillette" gewesen. Allerdings war sein Strafmaß von zehn Jahren Gefängnis um die Hälfte geringer.[18]

„Liebe Helene und Kind!

Die herzlichsten Sonntagsgrüsse sendet Dir dein Paul. Seit Ihr alle gesund und munter. Mir geht es Gesundheitlich gut und ich hoffe von Euch allen dasselbe. Liebe Helene ich muss an Euch alle denken wie es bei der Ernte geht ohne eine Männliche Hilfe alles dies Frauen müssen die ganze Arbeit machen. Liebe Helene man denkt jeden Tag an alle daheim habet Ihr schon alles Heimgebracht. Ich denke mir auch, dass bei Euch die Ernte soweit fertig sein wird und dann geht es wieder das dreschen bei Euch und man hat volle Hände jeden Tag Arbeit. So ist es meine liebe Helene
Monat für Monat geht vorbei und man weiss garnichts wie lange wird es noch so bleiben. Aber ich denke mir einmal muss was für uns kommen so kann es nicht immerbleiben. Hier im Hause hört man nichts neues nur jeden Tag arbeiten und wenn einer hier was weiss dann ist es auch bloss gelogen. Liebe Helene schickt keine Post weil sie keine Zeit hat zum schreiben und da kann man auch nichts neues wissen, ich muss halt warten bis mir meine liebe Frau ein Brieflein schickt dann weiss ich wieder mehr. Es ist hier ein Mann gestroben Hans Schmiedt im Alter 66 Jahre er ist von Hechingen genau weiss ich nicht. Er war mit mir in Reutlingen ein sehr rechter Mann. Hast du

---

16   Vgl. Blau-Weiß-Rot, a.a.O. S. 50 f. Römer...„versucht sich auf die französische Besatzungsmacht zu stützen, insbesondere zu Beginn der Rückgabe der deutschen Verwaltungsautonomie, aber man spürt bei ihm den Wunsch, es ihr recht zu machen und ihre Zustimmung zu seiner Ernennung zum Landrat zu erhalten".

17   Simon Kellinger besuchte sie im September 1951. wie Anm. 38.

18   Vgl. Opfermann, Leitfaden S.110 und 118

Wittlich, den 9. September 1951

10. SEP. 1951

Liebe Helene und Kind!

Die herzlichsten Sonntagsgrüße sendet Dir dein Paul. Seit Ihr alle gesund und munter. Mir geht es gesundheitlich gut und ich hoffe von Euch allen dasselbe. Liebe Helene ich muss an Euch alle denken wie es bei der Ernte geht ohne eine Männliche Hilfe alles die Frauen müssen die ganze Arbeit machen. Liebe Helene man denkt jeden Tag an alle daheim, habt Ihr schon alles Heimgebracht. Ich denke mir auch, dass bei Euch die Ernte soweit fertig sein wird und dann geht es wieder das dreschen bei Euch und man hat volle Hände jeden Tag Arbeit. So ist es meine liebe Helene Monat für Monat geht vorbei und man weiss gar nichts wie lange wird es noch so bleiben. Aber ich denke mir einmal muss was für uns kommen so kann es nicht immer bleiben. Hier im Hause hört man nichts neues nur jeden Tag arbeiten und wenn einer hier was weiss dann ist es auch bloss gelogen. Liebe Helene schickt keine Post weil Sie keine Zeit hat zum schreiben und da kann man auch nichts neues wissen, ich muss halt warten bis mir meine liebe Frau ein Brieflein schickt dann weiss ich wieder mehr. Es ist hier ein Mann gestorben Hans Schmied im Alter 66 Jahre er ist von Hechingen genau weiss ich nicht. Er war mit mir in Reutlingen ein sehr rechter Mann. Hast du noch kein Bescheid von der Firma, ich habe Dir wieder ein Schreiben beigelegt hast du schon das Schreiben abgeschickt, wenn du die Invaliden Karte von der Firma erhältst dann schicke es mir. Ich habe auch geschrieben nach der Landesversicherungsanstalt Speyer um eine recht baldige entsprechende Aufklärung dieser Angelegenheit. Nächste Woche schicke ich leergut ab. Ein schönen Gruss an alle daheim. Dorothea geht schon in die Schule. Liebe Helene die besten Grüsse sendet Dir dein Paul.

Paul Mareks Brief vom 9. September 1951

Paul Mareks Sonntagsbrief versucht seine Stimmung im Gefängnis deutlich zu
machen: Weil er an diesem Tag nicht zu arbeiten braucht, spricht er von den Ern-
tearbeiten in Erzingen, die ohne seine „männliche Hilfe" erledigt werden müssen,
das anstrengende Dreschen des Getreides von den Frauen, von denen er gerne Neues erführe, wenn sie Zeit hätten. Im Gegensatz dazu muss er im Gefängnis, „hier im
Hause" die Lügen von Aufschneidern und Besserwissern aushalten in der Trostlo-
sigkeit des Alltags und des vergeblichen Hoffens, dass „einmal...was für uns kommen.. muss".

Weil der Brief dieser Situation viel Raum lässt, geht ihm am Ende der Platz aus.
Die Schrift wird kleiner, als es um sehr Wichtiges geht, nämlich die Rentenversiche-
rung von der „Landesversicherungsanstalt Speyer" und die „Invalidenkarte von der
Firma".

Dass Paul Marek in diesem Brief erstmals seine Tochter mit ihrem Namen Dorothea nennt, hängt damit zusammen, dass seine Frau ihm mitgeteilt hatte, dass „das
Kind" im September 1951 mit sechs Jahren ganz normal in die Schule gekommen
war, „schon".

Bauunternehmung
Ernst König

Magdeburg, 19. 3. 1947
Westendstraße 20   K/D

Frau
Helene M a r e k

Erzingen Kreis Balingen

Werte Frau Marek!

Ihren Brief vom 24. 2. 47 habe ich am 18. 3.
1947 erhalten. Das Mißgeschick Ihres Mannes
tut uns allen sehr leid, und wir sind gern
bereit, Ihnen, soweit möglich, zu helfen.
Die hiesigen Arbeitskollegen Ihres Mannes,
die Herren Paul Rödel, Walter Bornemann, Herbert Kühnel (dieser in der britischen Zone)
haben gut mit Ihrem Manne zusammen gearbeitet
und sich günstig über ihn geäußert.

Auch die Official-Verteidigerin Fräulein Dr.
Helga Kloniger, Tübingen, Doblerstraße 1, von
welcher ich am 8./26. 2. 47 das Unglück Ihres
Mannes erfahren habe, will ihm helfen und ein
Gnadengesuch einreichen. Ich habe ihr ein Zeugnis über Ihren Mann zugesandt. Inhalt geht aus
der anliegenden Zweitschrift hervor, welcher
ich auf Ihren Wunsch nachstehende Ausdrücke und
Sätze zugefügt habe.

Hinter Gnadauer Str. 4 "und Vorarbeiter Herbert
Kühnel, Nahrendorf, Post Dahlenburg, Kreis Lüneburg",

hinter ausgeführt "nennenswerte Unfälle unter
seiner Aufsicht sind mir nicht bekannt geworden"

und am Schluß "Im Spätsommer 1944 ist
Marek zur Betreuung meiner Geräte und als Aufsichtsperson nach Erzingen, Kreis Balingen entsandt. Er war dort im Auftrage der Deutschen
Ölschiefer-Gesellschaft m. b. H. tätig. Die

von ihm beaufsichtigten Arbeitskräfte habe
ich nicht entlöhnt."

Von der dortigen Baustelle habe ich noch keine Einnahmen gehabt. Die Rechnungen sind eingereicht. Die Lohnbeträge sind laufend abgesandt. Auch hat die Firma Harder Vorschüsse
ausgezahlt. Den etwa aufkommenden Restlohn
werde ich für Sie aufbewahren.

Mit besten Grüßen

Bauunternehmung
Ernst König

Brief Firma Ernst König 19.3.47

EXKURS 2:
Mareks Verhältnis zu der Firma König, Magdeburg

Noch während des Prozesses in Rastatt hatte Paul Marek davon gesprochen, dass er alles in Erzingen im Auftrag und im Namen „von der Firma" getan habe, die ihn an die Baustelle der Wüste-Fabriken und damit zur Aufsicht über Häftlinge geschickt hatte. Ein Brief des Firmeninhabers Ernst König vom 19. 3.1947 antwortet auf ein Schreiben Helene Mareks, der aus dem Monat der Urteilsverkündung im Februar 1947 stammt. Bei allen Mitteilungen aus Magdeburg muss man berücksichtigen, dass mittlerweile der sog. „Eiserne Vorhang" zwischen der russisch besetzten Zone und dem Westen eine Teilung Deutschlands bewirkte.

„Werte Frau Marek!

Ihren Brief vom 24.2.47 habe ich am 18.3. 1947 erhalten. Das Mißgeschick Ihres Mannes tut uns allen sehr leid, und wir sind gern bereit, Ihnen, soweit möglich, zu helfen. Die hiesigen Arbeitskollegen ihres Mannes, die Herren Paul Rödel, Walter Bornemann, Herbert Kühnel (dieser in der britischen Zone) haben gut mit Ihrem Manne zusammen gearbeitet und sich günstig über ihn geäußert.

Auch die Official-Verteidigerin Fräulein Dr. Helga Kloniger, Tübingen, Doblerstraße 1, von welcher ich am 8./26.2.47 das Unglück Ihres Mannes erfahren habe, will ihm helfen und ein Gnadengesuch einreichen. Ich habe ihr ein Zeugnis über Ihren Mann zugesandt. Der Inhalt geht aus der anliegenden Zweitschrift hervor, welcher ich auf Ihren Wunsch nachstehende Ausdrücke und Sätze zugefügt habe.

Hinter Gnadauer Str. 4 „und Vorarbeiter Herbert Kühnel, Nahrendorf, Post Dahlenburg, Kreis Lüneburg", hinter ausgeführt „nennenswerte Unfälle unter seiner Aufsicht sind mi nicht bekannt geworden" und am Schluß „Im Spätsommer 1944 ist Marek zur Betreuung meiner Geräte und als Aufsichtsperson nach Erzingen, Kreis Balingen entsandt. Er war dort im Auftrage der Deutschen Ölschiefer-Forschungs-Gesellschaft m.b.H. tätig. Die von ihm beaufsichtigten Arbeitskräfte habe ich nicht gelöhnt.

Von der dortigen Baustelle habe ich noch keine Einnahmen gehabt. Die Rechnungen

Abschrift,

Bauunternehmung

E r n s t   K ö n i g

Tief-,Ingenieur,Eisenbahn-und Hochbau

Magdeburg
Braunschweigerstr.33.
4.1.1949.

Z e u g n i s .

Herr Paul M a r e k ,geboren am 29.6.1905,ist im Betriebe meiner Firma vom 20.10.1937 bis 1945 zuerst als Arbeiter und dann als Vorarbeiter bei der Ausführung von Erd-und Gleisarbeiten beschäftigt gewesen.Er hat die ihm übertragenen Arbeiten mit Fleiss,Fachkenntnis,Umsicht und der erforderlichen Vorsicht und Sorgfalt zu meiner Zufriedenheit ausgeführt,Nennenswerte Unfälle unter seiner Aufsicht sind mir nicht bekannt geworden.Seine Führung war gut,sein Charakter aufrichtig .Sein Verhalten gegen Kollegen und die von ihm beaufsichtigten Arbeiter war kameradschaftlich ,Wegen seiner Eignung war er 1943 als Kolonnenführer in Wittenberge bei Bahnarbeiten eingesetzt,wo er deutsche Arbeiter und auch polnische Zivilarbeiter beaufsichtigt hat.Dabei sind mir keine Klagen und Beschwerden zu Ohren gekommen.Betriebsleiter,Betriebsgewerkschaftsleitung und seine noch in der Firma beschäftigten Kollegen,die Herren Schachtmeister Paul Rödel,Magdeburg, Kroatenweg 3,Schachtmeister Walter Bornemann ,Magdeburg ,Brandströmweg 29 und mein ehemaliger Vorarbeiter Herbert Kühnel,Nehrendorf,Post Dahlenburg,Kreis Lüneburg,die ich befragt habe,sind in der Beurteilung von Marek gleicher Ansicht.Im Spätsommer 1944 ist Marek zur Betreuung meiner Geräte und als

Schachtmeister zur Beaufsichtigung der von der Deutschen Ölschiefer-Forschungsgesellschaft mbH.zugewiesenen und von mir nicht gelöhnten Leute nach Erzingen Kreis Balingen entsandt,

Betriebsgewerkschaftsleitung
(gez) Paul Müller.

Bauunternehmung Ersnt König
ppa. (gez) Unterschrift.

Vorstehende Abschrift beglaubigt.

Rechtsanwalt.

„Zeugnis" Ernst Königs vom 4.1.1949

*sind eingereicht. Die Lohnbeträge sind laufend abgesandt. Auch hat die Firma Har-
der Vorschüsse ausgezahlt. Den etwa aufkommenden Restlohn werde ich für Sie aufbewahren.*
Mit besten Grüßen Ernst König"

Das Dokument spricht für sich selbst, zeigt jedoch bei aller Hilfsbereitschaft
ebenso die Absicht, nicht in finanzielle Verpflichtungen für Mareks Zeit in Erzingen nachträglich verwickelt zu werden, zumal Ernst König ja aus der russisch besetzten Zone schreibt, die 1947 auf dem Weg zur Einzelstaatlichkeit DDR war. Die
Formulierung, dass die von „ihm (Marek) beaufsichtigten Arbeitskräfte" nicht von
König „gelöhnt" worden seien, vermeidet den Begriff KZ-Häftlinge wohl aus politischen Gründen.

Das „Zeugnis" für Marek, auf das Ernst König verweist, findet sich als „Abschrift", beglaubigt von Rechtsanwalt Zeller, unter den Papieren Helene Mareks.

Ein anderer Brief der Firma vom 3.11. 1949 antwortet auf einen Brief Marcks aus
Wittlich, in dem die neuen staatlichen Gegebenheiten für die „Ostzone" ausdrücklich angesprochen sind.

*„Auf Ihr Schreiben vom 21.10. 49 teile ich Ihnen mit, daß eine Hilfe für Ihre Frau He-
lene Marek in Erzingen Kreis Balingen aus der Ostzone aus folgenden Gründen
nicht möglich ist.*
*Meine Firma hat für die Leistungen in Erzingen bisher überhaupt keine Bezahlung
erhalten. Ob ein kleiner abgewerteter Teil noch bezahlt wird, ist sehr zweifelhaft. In
der Ostzone sind 1945 sämtliche Bankguthaben blockiert und es ist bisher nichts auf-
gewertet und nichts vergütet. Um leben zu können, muß ich bis ans Lebensende tätig
sein. Von den neu erarbeiteten geringen Beträgen darf aus der Ostzone nichts ausgeführt werden. Auch in der Westzone sind alle vorhandenen geringen Beträge durch die
Währungsreform abgewertet. Sollte eine Hilfe aus der Westzone möglich werden, bin
ich bereit, Ihrer Frau später nach Möglichkeit eine Beihilfe zu gewähren und dazu
die Bedürftigkeit Ihrer Frau prüfen zu lassen. Ich muß aber dringend empfehlen , daß
Ihre Frau bemüht bleibt, sich durch eigene Tätigkeit fortzuhelfen. Hochachtungsvoll
Ernst König".*

In einem weiteren Brief an Paul Marek, wie der andere ohne Anrede, teilt Ernst König „im Anschluß an mein Schreiben vom 3.11.49 ...mit, daß ein rechtlicher Anspruch nicht besteht, weil er verjährt ist. Wie mir von Erzingen mitgeteilt wird, ist Ihre Frau in der Landwirtschaft beschäftigt und soweit ver-" sorgt (?) wohl, das Brieffragment vom 12.12.1949 bricht hier ab.

Paul Marek antwortet seinem ehemaligen Chef am 3. Januar 1950, das Dokument in einer „Abschrift für Frau Marek", einem Schreibmaschinen-Durchschlag, befindet sich in der Kladde.

„Sehr verehrter Herr König!

Ich bestätige Ihnen mit bestem Dank den Empfang Ihres Schreibens vom 12.12.49, mit desen Inhalt ich nicht ganz einig gehen kann. Für Ihre Bereitwilligkeit, meiner Frau helfen zuwollen, danke ich Ihnen verbindlichst, ich habe jedoch nicht darum gebeten, sondern nur um das, was mir rechtens zusteht.

In normalen Verhältnissen wäre mein Anspruch gewiß verjährt, weil der Gesetzgeber eine säumige Behandlung über Gebühr treffen will. Ich aber konnte wegen der schwierigen Nachkriegsverhältnissen wegen höherer Gewalt meine Ansprüche nicht verfolgen. Verhältnisse, in die ich zu einem großen Teil wegen meiner Pflichterfüllung Ihnen gegenüber geraten bin, als ich auf der termingemäßen Zahlung meines Gehaltes damals verzichtete und trotzdem meine Arbeit fü Sie fortsetzte.

Ich bin überzeugt, daß die rechtliche Seite von Ihnen falsch angesehen wird. Darüber hinaus aber ist die viel wichtigere moralische Seite. Gewissenhafte Unternehmer, zu denen ich Sie auch rechne, drücken sich nicht von der Erfüllung abgeschlossener Verträge, wenn sie die vertragliche Gegenleistung erhalten haben. Ich weiß, daß Sie dies nach kurzer Überlegung selbst zu Ihrer eigenen Auffassung machen werden, nachdem Sie sich etwas von dem Gedanken an Ihre eigenen Schwierigkeiten frei gemacht haben werden.

Ich würde nicht mit so starken Argumenten antreten, wenn nicht meine Frau und mein Kind in wesentlich schwierigerer und elenderer Lage wären als Sie, der Sie immerhin noch einen Betrieb besitzen und auch wie Sie selbst schreiben, in der Westzone Außenstände, die Sie vielleicht sonst nicht transferieren können.

Wogegen ich mich aber allen Ernstes verwahren muß, ist, daß die Verhältnisse un-

Bei diesem Brief hat mutmaßlich jemand beim Schreiben geholfen, stilistisch wie juristisch, denn es wird nach einer gültigen Rechtspraxis, einer moralischen Verantwortung und zwischen rechtens und nicht rechtens gefragt. Das Schlimmste scheint jedoch die Tatsache, das König Erkundigungen über Helene Marek eingezogen hatte.

Die daraus resultierenden offensichtlichen nachvollziehbaren Meinungsverschiedenheiten zwischen Paul Marek und Ernst König, die sich in den Dokumenten zeigen, dürften wegen des Ausspionierens von Helene Marek bis zu dem obigen Brief vom 9. September 1951 angedauert haben. Fassungslosigkeit und Enttäuschung anlässlich Königs Verhaltens und in ihren Augen des Vertrauensbruchs dürften beim Ehepaar Marek vorgeherrscht haben. Als Verzweiflungstat Königs lässt sich seine Haltung auch nicht erklären, obwohl natürlich auch für ihn viel auf dem Spiel stand und er große Teile seines Vermögens verloren hatte.

Nachdem die „Firma" jedoch wieder im Interesse Mareks wegen einer „Invalidenkarte" benötigt wurde, musste pragmatisch die „Verwunderung" über König aufgegeben werden: Drei Schreiben der Firma an Marek in Wittlich zeigen, dass dieser bei König um eine "Anwartschaft zu Invalidenversicherung" angefragt hatte. Die Firma König antwortete am 14.9. 1951 prompt:

„Auf Grund Ihres Schreibens vom 1.9. 1951 habe ich bei der S.V. K. Magdeburg wegen der Anwartschaft zur Invalidenversicherung angefragt und werde Sie sogleich nach Eintreffen der Antwort benachrichtigen".

Zwei weitere Schreiben der Firma König beschäftigen sich ebenso mit dieser Anwartschaft:

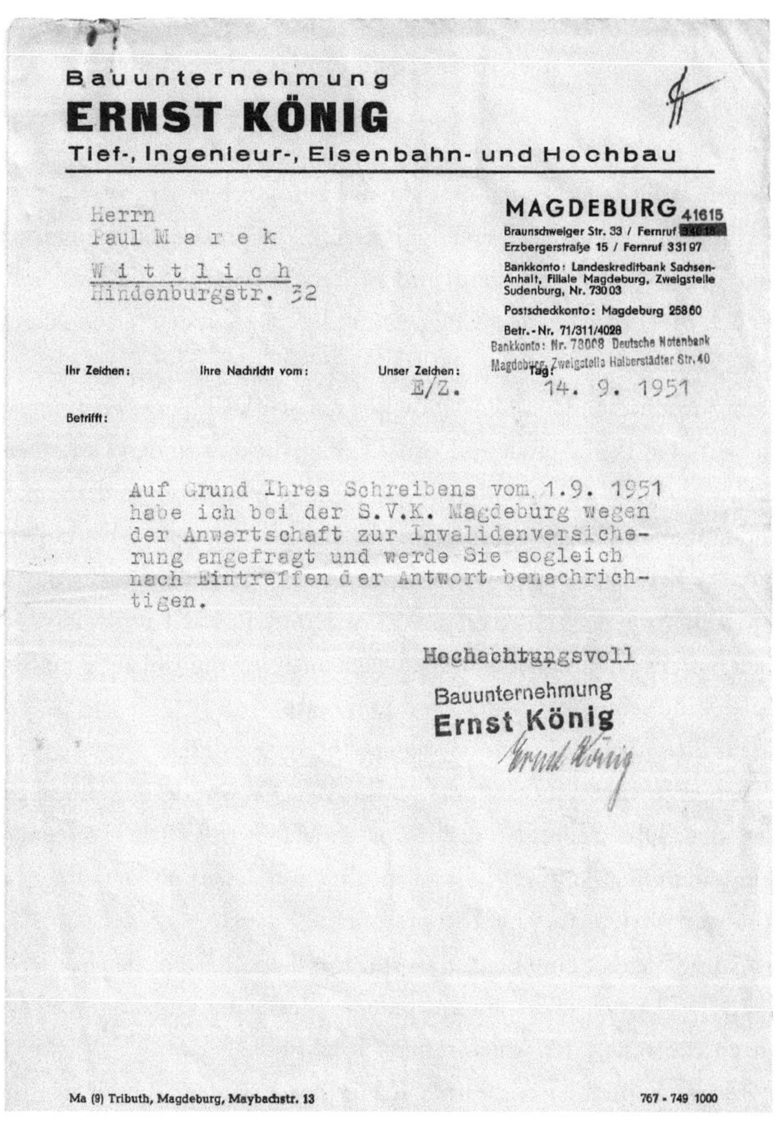

Bauunternehmung
ERNST KÖNIG
Tief-, Ingenieur-, Eisenbahn- und Hochbau

Herrn
Paul M a r e k

W i t t l i c h
Hindenburgstr. 32

MAGDEBURG 41615
Braunschweiger Str. 33 / Fernruf 34618
Erzbergerstraße 15 / Fernruf 33197

Bankkonto: Landeskreditbank Sachsen-
Anhalt, Filiale Magdeburg, Zweigstelle
Sudenburg, Nr. 73003

Postscheckkonto: Magdeburg 25860

Betr.-Nr. 71/311/4028
Bankkonto: Nr. 73008 Deutsche Notenbank
Magdeburg, Zweigstelle Halberstädter Str. 40

Ihr Zeichen:	Ihre Nachricht vom:	Unser Zeichen:	Tag:
		E/Z.	14. 9. 1951

Betrifft:

Auf Grund Ihres Schreibens vom 1.9. 1951
habe ich bei der S.V.K. Magdeburg wegen
der Anwartschaft zur Invalidenversicherung angefragt und werde Sie sogleich
nach Eintreffen der Antwort benachrichtigen.

Hochachtungsvoll

Bauunternehmung
Ernst König

„Zeugnis" Ernst Königs vom 14.9.1951

Bauunternehmung
ERNST KÖNIG
Tief-, Ingenieur-, Eisenbahn- und Hochbau

Herrn
Paul Marek

Wittlich
==================
Hindenburgstr. 32

MAGDEBURG
Braunschweiger Str. 33 - Fernruf 416 15
Erzbergerstraße 15 - Fernruf 331 97

Bankkonto: Nr. 73003
Deutsche Notenbank Magdeburg

Postscheckkonto: Magdeburg 258 60

Betriebs-Nr. 71/311/4028

Ihr Zeichen:	Ihre Nachricht vom:	Unser Zeichen:	Tag:
		L/E	1.11.51

Betrifft: Anwartschaft zur Invalidenversicherung

Auf meine Anfrage bei der Sozialversicherungskasse Magdeburg teilte mir diese folgendes
mit:

"Wir bitten Sie, Herrn M a r e k darauf
hinzuweisen, daß er die von Ihnen verlangten
Auskünfte bei der für seinen jetzigen Wohn-
ort zuständigen Versicherungsanstalt einholen muß.

Wir können in diesem Falle keine verbindliche
Auskunft erteilen, da uns die Bestimmungen
der westlichen Versicherungsträger nicht
bekannt sind.

i.A. gez. Schmitt".

Hochachtungsvoll
Bauunternehmung
Ernst König
ppa.

„Zeugnis" Ernst Königs vom 1.11.1951

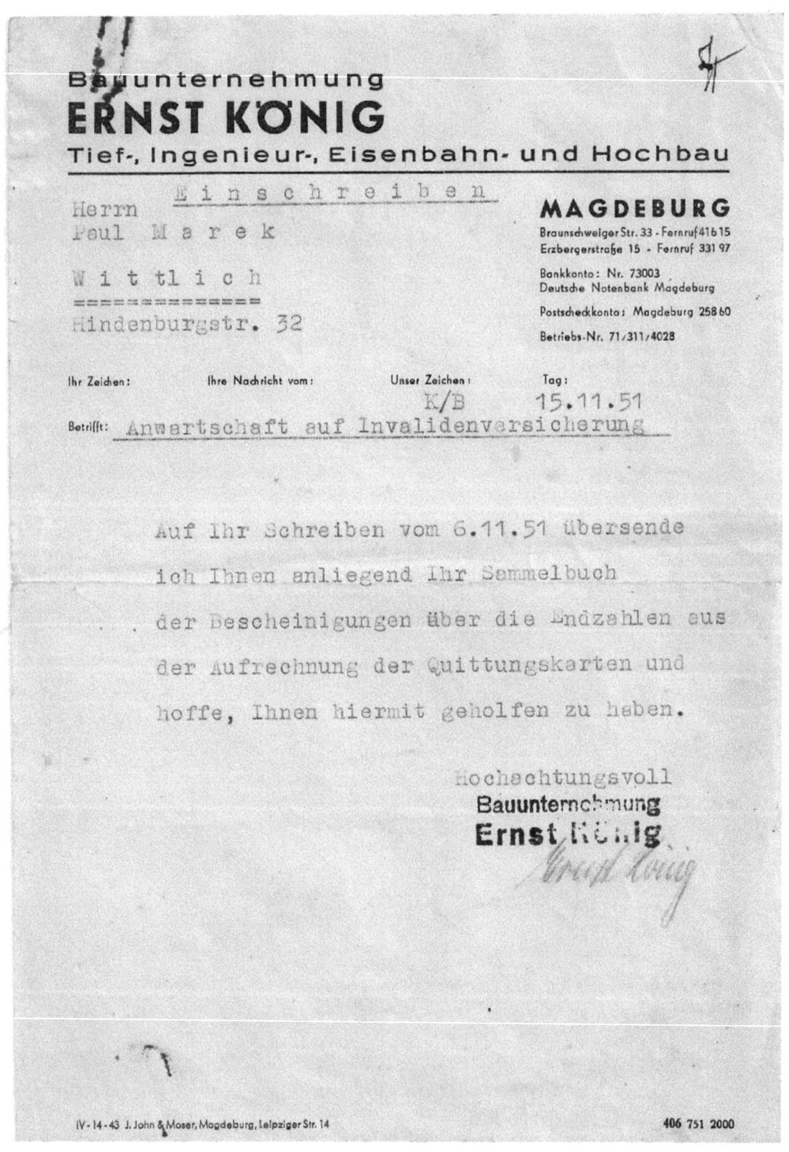

Bauunternehmung

ERNST KÖNIG

Tief-, Ingenieur-, Eisenbahn- und Hochbau

Einschreiben

Herrn
Paul Marek

Wittlich
===============
Hindenburgstr. 32

MAGDEBURG

Braunschweiger Str. 33 · Fernruf 416 15
Erzbergerstraße 15 · Fernruf 331 97

Bankkonto: Nr. 73003
Deutsche Notenbank Magdeburg

Postscheckkonto: Magdeburg 258 60

Betriebs-Nr. 71/311/4028

Ihr Zeichen:	Ihre Nachricht vom:	Unser Zeichen:	Tag:
		K/B	15.11.51

Betrifft: Anwartschaft auf Invalidenversicherung

Auf Ihr Schreiben vom 6.11.51 übersende

ich Ihnen anliegend Ihr Sammelbuch

der Bescheinigungen über die Endzahlen aus

der Aufrechnung der Quittungskarten und

hoffe, Ihnen hiermit geholfen zu haben.

Hochachtungsvoll
Bauunternehmung
Ernst König

IV-14-43 J. John & Moser, Magdeburg, Leipziger Str. 14   406 751 2000

„Zeugnis" Ernst Königs vom 15.11.1951

„*Auf meine Anfrage bei der Sozialversicherungskasse Magdeburg teilte mir diese fol-gendes mit:*

,Wir bitten Sie, Herrn Marek darauf hinzuweisen , daß er die von Ihnen verlangten Auskünfte bei der für seinen jetzigen Wohnsitz zuständigen Versicherungsanstalt ho-len muß.

Wir können in diesem Falle keine verbindliche Auskunft erteilen, da uns die Bestim-mungen der westlichen Versicherungsträger nicht bekannt sind'.

i.A. gez. Schmitt".

Nach dieser erneuten Enttäuschung für Paul Marek, der offenkundig seine Bele-ge zu König in Magdeburg geschickt, jedoch nicht mit der jetzt falschen Zuständig-keit dort in der „Ostzone" gerechnet hatte, kommt ein letztes Schreiben der Firma die „Anwartschaft auf Invalidenversicherung" betreffend in Wittlich an:

„Auf Ihr Schreiben vom 6.11. 51 übersende ich Ihnen anliegend Ihr Sammelbuch der Bescheinigungen über die Endzahlen aus der Aufrechnung der Quittungskarten und hoffe, Ihnen hiermit geholfen zu haben".

Marek muss demnach für seine Versicherung Marken gesammelt, „geklebt" ha-ben, wichtig für eine Rente, die nun in Frage stand, da er in seiner Naivität und mit großem Vertrauensvorschuss für seine ehemalige Firma die neuen politischen Gege-benheiten in den neu gegründeten zwei deutschen Staaten nicht berücksichtigt hat-te.

Vermutlich auch noch im Zusammenhang mit ihren Bemühungen zur Verren-tung gibt es im Jahr 1957 wieder Kontakt mit der Ernst König, denn dieser beschei-nigt ihr, „daß Paul Marek seit der Vorkriegszeit bis zum Umbruch 1945 in meiner Firma beschäftigt war".

Die Informationen über Mareks Zeit vor Erzingen (vgl. S.5) entstammen die-sem Brief.

Das letzte die „Firma" betreffende Schreiben aus der Kladde Helene Mareks stammt aus dem Jahr 1965: Noch einmal hatte sie Ernst König um eine Bescheini-gung ihren Mann betreffend bitten müssen, und dessen ehemaliger Chef antwortet „Mit freundlichem Gruß", bemerkenswert angesichts des früheren Zerwürfnisses. Der Brief endet mit einem persönlichen Wunsch: „Ich würde gern einmal wieder

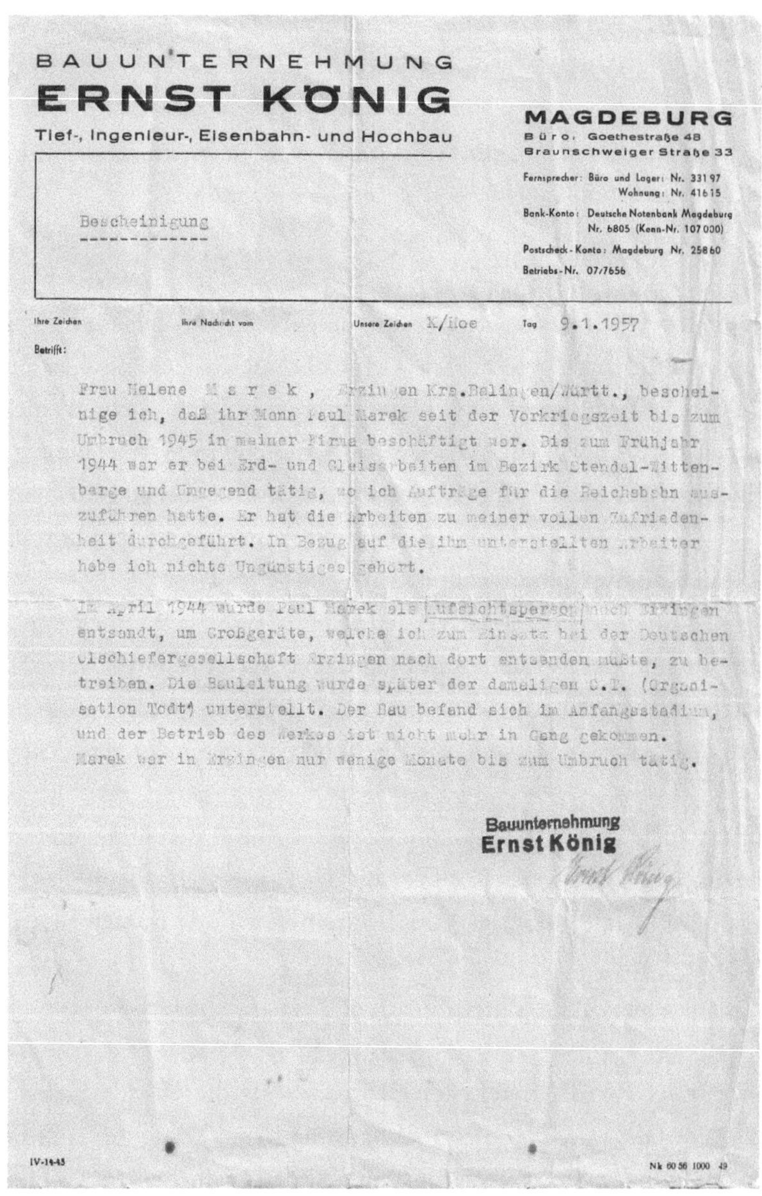

BAUUNTERNEHMUNG

ERNST KÖNIG

Tief-, Ingenieur-, Eisenbahn- und Hochbau

MAGDEBURG
Büro: Goethestraße 48
Braunschweiger Straße 33

Fernsprecher: Büro und Lager: Nr. 331 97
Wohnung: Nr. 416 15

Bank-Konto: Deutsche Notenbank Magdeburg
Nr. 6805 (Kenn-Nr. 107 000)

Postscheck-Konto: Magdeburg Nr. 258 60

Betriebs-Nr. 07/7656

Bescheinigung

| Ihre Zeichen | Ihre Nachricht vom | Unsere Zeichen K/Hoe | Tag 9.1.1957 |

Betrifft:

Frau Helene M a r e k , Erzingen Krs. Balingen/Württ., bescheinige ich, daß ihr Mann Paul Marek seit der Vorkriegszeit bis zum Umbruch 1945 in meiner Firma beschäftigt war. Bis zum Frühjahr 1944 war er bei Erd- und Gleisarbeiten im Bezirk Stendal-Wittenberge und Umgegend tätig, wo ich Aufträge für die Reichsbahn auszuführen hatte. Er hat die Arbeiten zu meiner vollen Zufriedenheit durchgeführt. In Bezug auf die ihm unterstellten Arbeiter habe ich nichts Ungünstiges gehört.

Im April 1944 wurde Paul Marek als Aufsichtsperson nach Erzingen entsandt, um Großgeräte, welche ich zum Einsatz bei der Deutschen Ölschiefergesellschaft Erzingen nach dort entsenden mußte, zu betreiben. Die Bauleitung wurde später der damaligen O.T. (Organisation Todt) unterstellt. Der Bau befand sich im Anfangsstadium, und der Betrieb des Werkes ist nicht mehr in Gang gekommen. Marek war in Erzingen nur wenige Monate bis zum Umbruch tätig.

Bauunternehmung
Ernst König

IV-14-45   Nk 60 56 1000 49

„Zeugnis" Ernst Königs vom 9.1.1957

Verwandte in Stuttgart und Erzingen und Schömberg besuchen", handschriftlich ist hinzugefügt: „Besten Dank für das Päckchen". Weil die Briefe um den Jahreswechsel 1964/65 getauscht wurden, hatte wohl Helene Marek dem damaligen Befinden entsprechend ein Päckchen zu Weihnachten abgesandt, der Groll über König war vergessen.

In den Briefen, die Paul Marek an seine Frau geschickt hatte, waren ja immer gewisse Ressentiments genannt, wenn es z.B. darum ging, Baumaterialien der Firma, die noch von den Wüste-Baustellen übrig geblieben waren, einzufordern, im Brief vom 25.11.51 (s.u.)

Infolge des fürchterlichen Brandes, der das ganze Gebäude zerstört hatte und die Existenz bedrohte, wusste Helene Marek die für den Wiederaufbau notwendigen Dinge selbst zu besorgen (s.u.).

Bittbriefe an Poncet

Die von der Pfarrei Erzingen geschilderte Notsituation der Familie Marek/Jetter wurde zur Katastrophe, änderte sich zum noch Schlimmeren dadurch, dass am 18. September 1951 das landwirtschaftliche Anwesen „völlig abgebrannt ist".

Dies teilte Helene Marek in einem Schreiben vom 18. Oktober 1951, einen Monat später also, dem „Hohen Kommissar der französischen Republik in Deutschland Exzellenz Herrn Francois Poncet"[1], Bad Godesberg, mit. An die gleiche Adresse hatte sie bereits am 27. Mai 1951 ein „Gnadengesuch" für ihren Mann abgesandt:

„Betrifft: Gnadengesuch für meinen Ehemann Paul M A R E K, geboren 29.6.1905 in Sandowitz/Oberschlesien, wohnhaft in Erzingen Kreis Balingen, Württemberg. Verurteilt am 2.2.1947 vom Tribunal General in Rastatt zu 20 Jahren Zwangsarbeit wegen Misshandlung ausl. Arbeiter. Gnadenerweis 15.9.50 5 Jahre. Strafbeginn 14.8.1946, Strafende 13.8. 1961. z.Zt. im Strafgefängnis Wittlich".

Dieses blieb unberücksichtigt, und nun, nach der Vernichtung des Anwesens, bittet sie darum, ihrem Mann „einen U r l a u b zu gewähren".

„Zur Begründung dieser Bitte darf ich anführen, dass das von meiner Mutter, meiner Schwester und mir bewohnte Wohn- und Ökonomiegebäude am 18. September 1951 völlig abgebrannt ist. Hierbei wurden nicht nur die gesamten landwirtschaftlichen Vorräte, sondern auch wertvolle Maschinen und sonstige landwirtschaftlichen Geräte vernichtet. Was nicht den Flammen zum Opfer fiel, litt unter dem Löschwasser derartig, dass es nicht mehr brauchbar ist. Kurz, wir sind dadurch heimatlos geworden; meine Schwester und ich stehen diesem grossen Unglück nun ohne jede männliche Hilfe gegenüber. Wir wollen und müssen das Gebäude wieder aufbauen, um unseren – wenn auch bescheidenen – landwirtschaftlichen Betrieb wieder weiterführen zu können und um überhaupt wieder eine Heimat zu haben. Dass wir hierzu die Hilfe meines Mannes ganz dringend benötigen, brauche

---

[1] André Francois-Poncet (1887-1978) war 1931-1938 französischer Botschafter in Berlin, danach 1938-1942 im faschistischen Italien; Berater des Vichy-Regimes nach der Niederlage gegen Deutschland; Gefangennahme und Internierung. Nach dem Krieg Berater des französischen Militärgouverneurs, 1949-1955 einziger französischer Hoher Kommissar in der Bundesrepublik bis zur Auflösung, danach Außenminister Frankreichs bis September 1955.

Frau Helene M a r e k   Erzingen,den 27.Mai 1951.
      geborene Jetter
Erzingen/Württemberg

An den H o h e n K o m m i s s a r der französischen

          Republik in Deutschland

Exzellenz Herrn F r a n c o i s P o n c e t

              B a d G o d e s b e r g.

Betrifft: Gnadengesuch für meinen Ehemann Paul M A R E K,geboren
          29.6.1905 in Sandowitz/Oberschlesien, wohnhaft in
          Erzingen Kreis Balingen,Württemberg.
          [Verurteilt am 2.2.1947 vom Tribunal General in Rastatt
          zu 20 Jahren Zwangsarbeit wegen Misshandlung ausl.
          Arbeiter. Gnadenerweis 15.9.50 5 Jahre.
          Strafbeginn 14.8.1946, Strafende 13.8.1961]
          z.Zt.im Strafgefängnis Wittlich.

Verehrte Exzellenz!

      Für den meinem Ehemann Paul MAREK im September 1950 durch
Ihre Güte gewährten Strafnachlass von 5 Jahren erlaube ich mir
Ihnen von Herzen zu danken.

      Seit mein Mann in Gefangenschaft ist (28.9.1945), muß ich
mit meiner Schwester ohne jede männliche Hilfe die kleine Land=
wirtschaft unsrer Mutter besorgen. Unsre Mutter ist jetzt 74
Jahre alt und durch Krankheit vollständig arbeitsunfähig und
pflegebedürftig. Durch die jahrelange schwere körperliche Arbeit
ist auch meine Gesundheit so stark angegriffen, daß ich die not=
wendigen Arbeiten nur noch mit großer Anstrengung verrichten kann
Auf längere Zeit ist dieser Zustand für uns Frauen unmöglich.

      Verehrte Exzellenz! Aus diesen Gründen bitte ich Sie heute
herzlich, doch durch Ihre Güte meinem Manne nochmals einen Straf=
nachlass zu gewähren, damit er bald nach Hause zurückkehren und
uns Frauen die schwersten Arbeiten abnehmen kann. Wir werden Ihnen
dafür stets dankbar sein!

              Mit vorzüglicher Hochachtung!

Brief Helene Mareks an den Botschafter Francois Poncet

Bilder vom Brand. Die Frau mit dem Kind auf dem rechten Bild
ist Helene Marek mit ihrer Tochter Dorothea.

ich wohl nicht näher darzulegen. Verehrte Exzellenz! Haben Sie bitte Verständnis
für unsere Notlage und darum auch für meinen Hilferuf, um dessen Erhören ich Sie
nochmals bitten möchte"[2].

Der Bitte wurde nicht entsprochen, weil Paul Marek für Frankreich ein für Verbrechen gegen die Menschlichkeit verurteilter Kriegsverbrecher blieb, wie er selbst
es ja in seinem ersten Brief gesagt hatte. Außerdem muss man bei den eingereich-
ten Bittgesuchen berücksichtigen, dass das „Gouvernement Militaire en Allemagne" Marek vor ein militärisches Gericht gestellt und verurteilt hatte. Deshalb dürfte sich ein ziviler „Kommissar der französischen Republik" mit dieser Vergangenheit
schwer getan haben, ein Urteil des französischen Militärs zu hinterfragen. Die Briefe des Ministerpräsidenten Altmeier von Rheinland-Pfalz an Francois-Poncet hatten allerdings französische Gnadenerlasse unter bestimmten Bedingungen zur Fol-
ge. Vgl. Christopher Spies.

2   Original-Durchschläge der beiden Briefe vom 27. Mai und 18. Oktober 1951 bei den Papieren von Helene Ma-
     rek. In der Kladde finden sich handschriftliche Bemerkungen zum Brand: „Vom Brandschaden erhalten am 20.
     Nov. 308 Mark. 75 Mark für das Baugesuch bezahlt". Die Notizen der Bezahlung sind eine Seite vorher in der-
     selben Kladde.

Frau Helene M a r e k   Erzingen, den 18.Oktober 1951
    geborene Jetter
Erzingen/Württemberg

An den
Hohen Kommissar der französischen
Republik in Deutschland
Exzellenz Herrn Francois Poncet

<u>Bad Godesberg</u>

<u>Betr.:</u> Gnadengesuch für meinen Ehemann Paul M a r e k , geboren
         29.6.1905 in Sandowitz/Oberschlesien, wohnhaft in
         Erzingen Kreis Balingen, Württemberg,
         z.Zt. im Strafgefängnis Wittlich

Verehrte Exzellenz!

Gestatten Sie mir, Sie herzlich darum zu bitten, meinem Ehemann
Paul M a r e k , der z.Zt. im Strafgefängnis Wittlich seine Strafe verbüsst, die ursprünglich auf 20 Jahre lautet, von Ihnen aber
durch Ihren hochherzigen Gnadenerweis vom 15.9.1950 bereits um
5 Jahre ermässigt wurde, einen

                      U r l a u b

zu gewähren.

Zur Begründung dieser Bitte darf ich anführen, dass das von meiner
Mutter, meiner Schwester und mir bewohnte Wohn- und Ökonomiegebäude
am 18 September 1951 völlig abgebrannt ist. Hierbei wurden nicht nur
die gesamten landwirtschaftlichen Vorräte, sondern auch wertvolle
Maschinen und sonstige landwirtschaftliche Geräte vernichtet. Was
nicht den Flammen zum Opfer fiel, litt unter dem Löschwasser derartig,
dass es nicht mehr brauchbar ist. Kurz, wir sind dadurch heimatlos
geworden; meine Schwester und ich stehen diesem grossen Unglück nun
ohne jede männliche Hilfe gegenüber. Wir wollen und müssen das Gebäude
wieder aufbauen, um unseren -wenn auch bescheidenen- landwirtschaftlichen Betrieb wieder weiter-führen zu können und um überhaupt wieder
eine Heimat zu haben. Dass wir hierzu die Hilfe meines Mannes ganz
dringend benötigen, brauche ich wohl nicht näher darzulegen.

Brief Helene Mareks an Francois Poncet

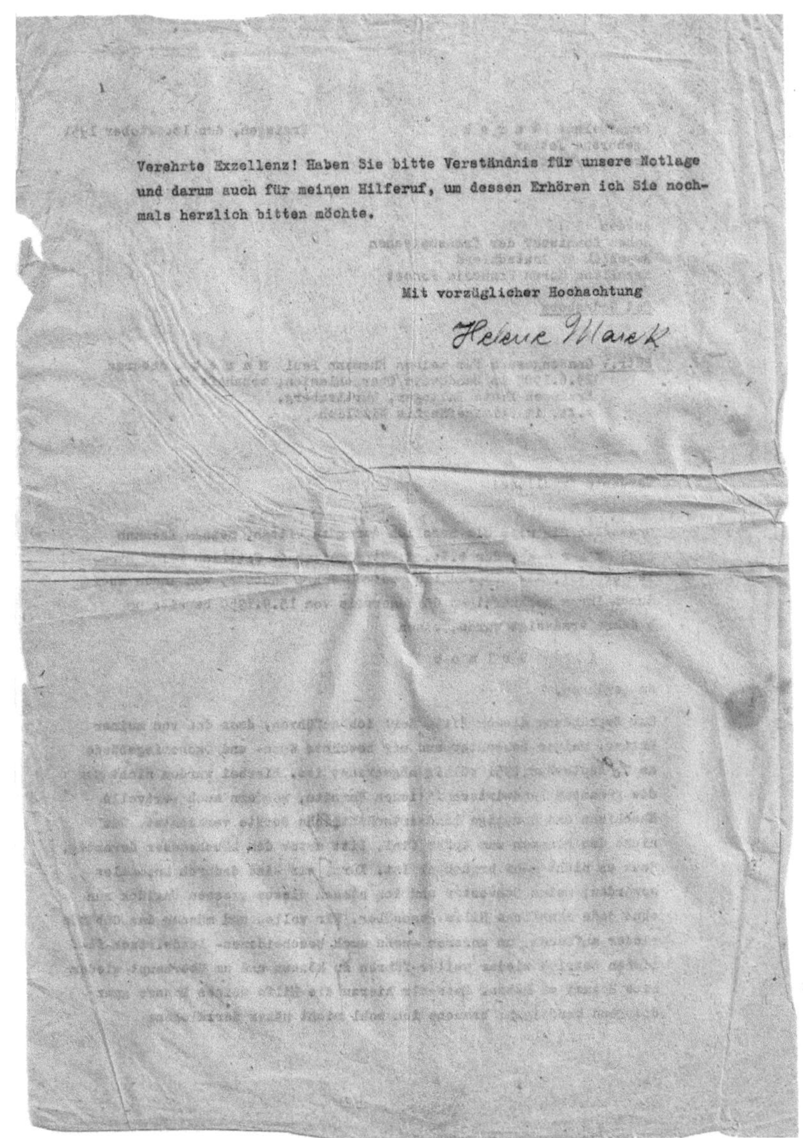

Verehrte Exzellenz! Haben Sie bitte Verständnis für unsere Notlage
und darum auch für meinen Hilferuf, um dessen Erhören ich Sie nochmals herzlich bitten möchte.

Mit vorzüglicher Hochachtung

Helene Marek

Briefe aus Wittlich 2

Marek selbst hatte von dem Brand durch einen Brief Helenes erfahren, auf den er am 26. Oktober 1951 reagierte. Diese hatte auch seinen ehemaligen Arbeitsgeber Ernst König in Magdeburg telephonisch in Kenntnis gesetzt, was zu diesem Zeitpunkt der innerdeutschen Beziehungen zwischen den beiden neuen deutschen Staaten sicherlich ein mühsames zeitaufwendiges Unterfangen war, das nur mit großer Geduld und Hartnäckigkeit zu bewältigen war, weil manchmal stundenlanges Warten nach der Anmeldung des Ferngesprächs vonnöten war. In Erzingen scheinen noch Schienen vom Aufbau der „Wüste"-Fabriken übrig geblieben zu sein, nach denen Helene bei Ernst König sehr pragmatisch für den Wiederaufbau gefragt hatte. Darauf kommt Paul Marek in seinem Antwortbrief zu sprechen.

Es geht um den Brief Mareks, der so beginnt:

„Liebe Helene und Kind! Dein lieben Brief habe ich mit vieler freude erhalten und sage Dir besten Dank dafür. Wie ich ersehe aus Deinen Brieflein, dass du den König telefonisch gesprochen hast, es ist sehr gut das du in gesprochen hast, wegen der Schienen ja meine liebe 6 Stück muss du kaufen und 4 Stück schenkt er mir das ist bisschen zuwenig, du muss in noch mal sprechen und in bitten das er Dir noch die 8 Schienen zu kaufen gibt. Es war doch in Erzingen soviel Rundeisen ist das alles fort. Liebe Helene versuche noch mal mit der Firma zu sprechen und sage im ich bitte auch er soll mir den gefallen tun, denn ich habe die Verbüssung meiner langjährigen Strafe der Firma zu verdanken. Rücksicht darauf, dass ich nicht anders konnte, als im Interesse der Firma zu arbeiten. So bitte ich Sie Herr König dringend aus Not weil man kein Rundeisen nicht zu kaufen bekommt. Sollten Sie Herr König mir meine berechtigte und durch aus Not begründete bitte nicht zu erfüllen, müsste ich als Undank für die Ihrer Firma jeder Zeit entgegen gebrachte Treue und Pflichterfüllung ansehen, was mich sehr schmerzhaft berühren würde. Solange ich in gefangenschaft bin denke ich an Sie. So musst an die Firma schreiben meine liebe Frau da wird sie wohl machen denn der Herr König ist nicht so du muss halt sprechen. Ich habe auch mit Herrn Kommandanten gesprochen wegen den Urlaub nächstes Jahr bekomme ich Urlaub. Ich

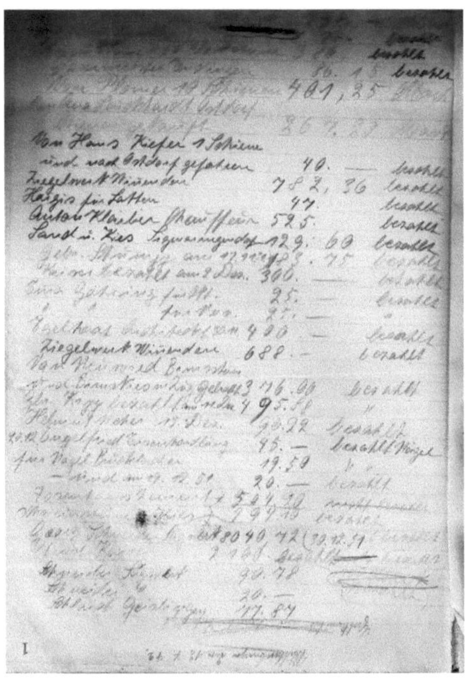

Kladdenseite mit den Kosten für den Wiederaufbau des Anwesens und den Hinweisen „Bezahlt",
so dass die Gwsamtkosten errechnet werden könnten.

habe den Kommandanten gesagt ich will jetzt 3 Wochen Urlaub haben. Er hat nach Baden-Baden geschrieben es wird alles umsonst. Liebe Helene ich möchte auch wissen das du 18 Schienen brauchst wie lang wird der Stall werden und wie breit 4m.90 wenn du Schienen brauchst 5.30. Schreibe mir doch ob der Stall so sein wird wie er war oder breiter. Ein schönen Gruß an alle. Liebe Helene die besten Grüße sendet Dir dein Paul. Beschreibe mir doch auch was von Bauen. Bescheinigung soll Firma bald schicken".

Auf der Rückseite: „Ich habe alles von der Firma erhalten heute ist Sonntag, also nicht mehr schreiben, Quittungskarte und ein Schreiben noch bei".

Die Sätze laufen ineinander wie bei schnellen Anweisungen, die zu befolgen sind. Man hört Marek reden, wenn er das Dehnungs-H bei „Ihm" weglässt, wenn er nicht die richtigen Kasus benutzt, wenn er den Schluss-Konsonanten T bei „muss" nicht ausspricht. Wenn er Helene belehrt, wie sie an Herrn König schreiben solle, benutzt er die Ichform und direkte Anrede für König, den er zu kennen glaubt („ist nicht so"), verwendet die Sätze, die er bereits während des Prozesses benutzt hatte. Dann befleißigt er sich der Hochsprache in Formulierungen im Nominalstil wie „Undank für die Ihrer Firma jederzeit entgegengebrachte Treue und Pflichterfüllung". Einsicht in eigenes Verschulden und Versagen, dass er selbst für sein Handeln verantwortlich war, ist dem nicht zu entnehmen.

Er macht sich Illusionen wegen des Urlaubs, den er über den „Herrn Kommandanten" in Baden-Baden wegen des Brandes erwirken will. Die Formulierung „Ich will jetzt 3 Wochen Urlaub" aus dem Gefängnis ist schon Realitätsverlust. Die Vergeblichkeit der Bemühungen kommt in „alles umsonst" zum Ausdruck, übersetzt heißt dies Frustration, die er vielleicht dadurch lindern könnte, wenn ihm seine Frau etwas vom Bauen schreibt, denn auf diese Weise will er an der Wiedererrichtung der Gebäude teilhaben, da kennt er sich aus. Er möchte praktisch Ratschläge bei den Schienen und deren Maßen geben, fragt nach übrig gebliebenen „Rundeisen", scheint jedoch zu vergessen, dass seit seiner Verhaftung viel Zeit vergangen und „alles fort" ist. Dennoch bleibt der Brief anrührend, weil er die Ohnmacht des Hilflosen bei allem Helfenwollen offenbart.

Wie im „Exkurs" zu Marek und der Firma König beschrieben (S. 42 f.), hatte Paul

Wittlich den 6. April 1952

Meine liebe Helene Kind und Angehörigen!

Mit vieler Freude habe ich dein Briefchen vom 30. März erhalten und sage Dir besten Dank dafür. Wie ich ersehe aus deinem Schreiben, daß du mein Bild auch schon erhalten hast ist mir ganz recht. Liebe Helene es ist ganz schön von Dir, wenn du sich wenden kannst an den Herrn General My Nomi. Warum hat er Euch nicht damals besucht wo er in München war da hatte er ja auch nicht weit gehabt nach Batingen zufahren hat wohl vergessen oder hatte er auch keine Zeit besich zumachen. Liebe Helene du könntest schon lange an ihn geschrieben haben, aber du weißt die Adresse noch nicht. Wenn du ihn schreiben wirst da mußt ihn alles klarbeschreiben wie das gewesen ist. Liebe Helene wie ich ersehe aus deinem Schreiben, Dach ist ganz gedeckt und die schwere Arbeit somit ist, die haupt Arbeit vom ganzen Hause ist gemacht, jetzt ist auch noch viel Arbeit mit der decke im Stall und wie ist mit Pferdestall bleibt er so wie der alte war oder bleibt ein Stall Vieh Pferde zusammen da gibt es noch viel Arbeit und dann macht Ihr mit der Bauerei Schluss bis ich daheimkomme. Liebe Helene du hat dich die Frau Kittel auch besucht. Bis jetzt ist noch keiner entlassen hier gesprochen wird es viel das Ostern Leute entlassen sollen sein, ob es richtig war ist weiß ich auch nicht. Liebe Helene jetzt geht die Feldarbeit wieder los und so geht es eine Arbeit nach der andere. Ich habe dem Kinde ein paar Schuhe hier machen lassen aber vor Ostern werden sie nicht fertig denn heute kann man sie wegschicken 15. und 1. Die Schäften kosten 930 mit Porto es werden schöne Schuhe da wird sich das Kind freuen. Liebe Helene wünsche allen ein gutes Frohes Osternfest mit einander zu verleben. Also bis jetzt ist hier Nichts Neues. Das Wetter ist hier wieder schön geworden. Hoffentlich bleibt bei Euch auch so schön wie hier. Viele Grüße an alle daheim und schreib mir auch gleich wieder. Bis dahin recht herzliche Grüße sendet Dir dein treuer Paul.

Paul Mareks Brief vom 6.4.1952

Marek bereits in den Jahren seit seiner Verhaftung und Verurteilung mit Ernst König von 1947 an korrespondiert, weil er Gehaltsansprüche geltend machen wollte, die zwar verjährt seien aber ihm „rechtens" zustünden. Er sei in die „schwierigen Nachkriegsverhältnisse" geraten „zum großen Teil wegen meiner Pflichterfüllung Ihnen gegenüber". „Ich bin überzeugt, daß die rechtliche Seite von Ihnen falsch angesehen ist. Darüber hinaus aber ist die viel wichtigere moralische Seite. Gewissenhafte Unternehmer, zu denen ich Sie auch rechne, drücken sich nicht vor der Erfüllung abgeschlossener Verträge, wenn sie die vertragliche Gegenleistung erhalten haben. Ich weiß, daß Sie dies nach kurzer Überlegung selbst zu Ihrer eigenen Auffassung machen werden, nachdem Sie sich etwas von dem Gedanken an Ihre eigenen Schwierigkeiten frei gemacht haben werden"[1]. „Wogegen ich mich allen Ernstes verwahren muß, ist, daß die Verhältnisse unter denen meine Frau lebt, untersuchen wollen oder gar schon haben. Sie haben hierzu kein Recht, nachdem ich nur mein Recht aber keine Almosen von Ihnen verlange, Rechte, welche so lange meine Haft währt niemals verjähren können. Ihr Vorgehen hat mich mehr wie in Verwunderung gesetzt"[2].

Diese fordernde angebliche Rechtsposition erwartet Paul Marek auch von Helene, wie er es in dem Brief nach dem Brand ausdrückt: „du muss halt sprechen". Sie solle, das steht zwischen den Zeilen, auf die moralische Verpflichtung gewissenhafter Unternehmer zielen, Ernst König sozusagen „am Portefeuille packen", damit er ihr die Schienen kostenlos überlässt. Dass dieser in der DDR, für viele in dieser Zeit noch die „Ostzone", lebt, scheint Marek in einer durch die Gefängnisjahre verengten Sichtweise nicht berücksichtigen zu können.

Im Winter 1951/52 über muss es trotz der widrigen Umstände in Erzingen mit dem Bauen vorangegangen sein. Helene Marek notierte alle Ausgaben für den Bau auf der ersten Seite der Kladde ihres Mannes genau, z. B. dass sie die Schienen, von denen im letzten Brief die Rede war, „Von Planer[3] 10 Schienen" und von „Anna

---

1   Brief Paul Mareks vom 3. Januar 1950. Durchschlag unter den Papieren Helene Mareks.

2   Ibidem, Rückseite mit der Unterschrift Mareks.

3   Heinrich Planer war Angestellter der Dölf und konnte bei der Abwicklung der „Wüste"-Werke 4 und 5 über übrig gebliebenes Material verfügen. Die 10 Schienen kosteten 401, 25 Mark, die 6 aus Ostdorf 261, 20 Mark. Planer wurde auch bei der ZV (= Zentralverwaltung) im Personalordner geführt., wohnte bis zu seinem Tod in Schömberg.

Leukhardt Ostdorf 6 Schienen gekauft" hatte.

Helene teilte ihrem Mann in ihrem Brief vom 30. März 1952 die Fortschritte mit, denn er bedankt sich, allerdings mit einer geänderten umfassenderen Anrede „Meine liebe Helene Kind und Angehörigen". Möglicherweise hatte sie ihm auch gesagt, in welcher Weise sich viele im Dorf für ihn eingesetzt hatten.[4]

Er schreibt erstmals in Schreib-, nicht in Druckschrift, benutzt einen elaborierteren Code, wenn er zweimal die Formulierung „wie ich ersehe aus deinem Schreiben" verwendet, jedoch wiederum nicht in korrekter Verbstellung. Die wie im vorherigen benutzte Diminutivendung bei „Brieflein" suggeriert Nähe und Vertrautheit.

„Mit vielen Freude habe ich dein Brieflein vom 30. März erhalten und sage Dir besten Dank dafür. Wie ich ersehe aus deinem Schreiben, daß du mein Bild auch schon erhalten hast ist mit ganz recht. Liebe Helene es ist ganz schön von Dir, wenn du sich wenden kannst an den Herrn General Mc Namci. Warum hat er Euch nicht damals besucht wo er in München war da hatte er ja auch nicht weit gehabt nach Balingen zufahren hat wohl vergessen oder hatte er auch kein Zeit besuch zumachen.
Liebe Helene du konntest schon lange an im geschrieben haben, aber du weißt die Adresse noch nicht. Wenn du im schreiben wirst da mußt im alles klarschreiben wie das gewesen ist. Liebe Helene wie ich ersehe aus deinem Schreiben, Dach ist ganz gedeckt und die schwere Arbeit soweit ist, die haupt Arbeit vom ganzen Hause ist gemacht, jetzt ist auch noch viel Arbeit mit der decke im Stall und wie ist mit Pferdestall bleibt er so wie der alte war oder bleibt ein Stall Vieh Pferde zusammen da gibt es noch viel Arbeit und dann macht Ihr mit der Bauerei Schluss bis ich daheimkomme. Liebe Helene da hat dich die Frau Kittel auch besucht. Bis jetzt ist noch keiner entlassen hier gesprochen wird es viel das Ostern Leute entlassen sollen sein, ob es richtig war ist weiß ich auch nicht. Liebe Helene jetzt geht die Feldarbeit wieder los und so geht es eine Arbeit nach der andern. Ich habe dem Kinde ein paar Schuhe hier machen lassen aber vor Ostern werden sie nicht fertig denn leergut (?) kann man nur wegschicken 15. und 1. Die Schäften kosten 930 mit Porto es werden schöne Schuhe da wird sich das Kind freuen. Liebe Helene wünsche allen ein gutes Frohes Osterfest miteinander zu erle-

---

4   Brief vom 6. April 1952.

ben. Also bis jetzt ist hier Nichts Neues. Das Wetter ist hier wieder schön geworden. Hoffentlich bleibt bei Euch auch so schön wie hier. Viele Grüße an alle daheim und Bis dahin recht herzliche Grüße sendet Dir dein treuer Paul. Schreibe mir auch gleich wieder".

Paul Marek macht Pläne für die Zukunft. Zwar beschäftigt ihn als erstes wiederum sein eigenes Schicksal: Helene solle dem amerikanischen General „alles klar schreiben", „wie es gewesen ist", dass er nämlich aus Verantwortung seinem Arbeitgeber König gegenüber so streng zu den zur Arbeit gezwungenen Häftlingen habe sein müssen, sonst hätten sie niemals so gearbeitet, wie er wollte, sondern hätten sich gedrückt und geschont, und das hätte „der Firma" geschadet. So könnte der implizierte Subtext der geschriebenen Worte sein.

Die Botschaft vom Fortschritt des Bauens nach dem Brand bringt ihn zu Fragen, wie es weitergeht, wie der Stall aussehen soll, wie es überhaupt mit der Landwirtschaft der Frauen bestellt ist, wenn er wieder „daheim" ist. Weil diese den Bau bis jetzt ja ohne ihn bewerkstelligt haben, freut er sich, dass noch genügend Arbeit für ihn übrigbleibt, auch wenn die Feldarbeit getan werden muss.

Er traut den Gerüchten über die Entlassung von Gefangenen zu Ostern nicht, von seiner Enttäuschung darüber lässt er nichts durchblicken. Wenn er sagt, es gebe „nichts Neues" im Wittlicher Gefängnis, wird einerseits die Regelmäßigkeit des Gefängnisbetriebs, die sich in den Anordnungen, dass man nur „am 15. und 1." eines Monats Dinge verschicken dürfe, zeigt, andererseits klingt eine gewisse Resignation mit, weil das Neue ein Hinweis auf seine Entlassung gewesen wäre. Den resignativen Gedanken steht ein Familiensinn des „treuen Paul" entgegen, wenn er von den Schuhen schreibt, die er „dem Kinde" werde anfertigen lassen, über die es sich sicher freuen werde, es reiche jedoch nicht auf Ostern.

Die tapfere Helene wurde nicht müde und scheute sich nicht, hohe Würdenträger als Fürsprecher anzuschreiben: Nach dem Regierungskommissar beim Tribunal in Rastatt, dem Landesbischof Wurm in Stuttgart, dem Hohen Kommissar Poncet in Bad Godesberg in den vergangenen Jahren nun den Justizminister des künftigen Bundeslandes Baden-Württemberg Victor Renner. Die Adresse des Briefes vom 26. Juli 1952 zeigt den „Herrn Abgeordneten der Verfassunggebenden Landesversamm-

Wittlich, NOV. 11. 1951

Liebe Helene und Kind!

Dein lieben Brief habe ich vieler freude erhalten und sage Dir besten Dank dafür. Wie ich ersehe aus Deinen Brieflein, dass du den König telefonisch gesprochen hast, es ist sehr gut das du in gesprochen hast, wegen den Schienen ja meine liebe 6 Stück muss du kaufen und 4 Stück schenkt er mir das ist bischen zuwenig, du müss in nochmal sprechen und in bitten das er Dir noch die 8 Schienen zu kaufen gibt. Es war doch in Erzingen soviel Rundeisen ist das alles fort. Liebe Helene versuche nochmal mit der Firma zusprechen und sage im ich bitte auch er soll mir den gefallen tun, denn ich habe die Verbüssung meiner langjährigen der Firma zuverdanken. Rücksicht darauf das ich nichts anders konnte, als in Interesse der Firma zu arbeiten. So bitte ich Sie Herr König dringend aus Not weil man kein Rundeisen nicht zukaufen bekommt. Sollten Sie Herr König mir meine berechtigte und durch aus Notbegründete bitte nicht zu erfüllen, müsste ich als Undank für die Ihrer Firma jeder Zeit entgegen gebrachte Treue und Pflichterfüllung ansehen, was mich sehr schmerzhaft berühren würde. Solange ich in Gefangenschaft bin denke ich an sie. So müsst an die Firma schreiben meine liebe Frau da wird sie wohl machen denn der Herr König ist nicht so du müss halt sprechen. Ich habe auch mit Herrn Kommandanten gesprochen wegen den Urlaub nächstes Jahr bekomme ich Urlaub. Ich habe den Kommandanten gesagt ich will jetzt 3 Wochen Urlaub haben. Er hat nach Baden-Baden geschrieben es wird alles umsonst. Liebe Helene ich möchte auch wissen das du 18 Schienen brauchst wie lang wird der Stall werden und wie breit 4 m.50 wenn du Schienen brauchst 5.10. Schreibe mir doch ob der Stall so sein wird wie es war oder breiter. Ein schönen Gruss an alle, Liebe Helene die besten Grüsse sendet Dir dein Pauli. Beschreibe mir Bescheinigung soll die Firma bald schicken. doch auch warten Pauli.

Brief Mareks vom 25.November 1951.

Rückseite des ersten Briefes vom 30.8. 1950 aus Wittlich

lung Justizminister Victor Renner, Stuttgart". Immer geht es darum, ihren Mann aus dem Gefängnis zu holen. Weil die Staatsgründung des neuen Landes Baden-Württemberg so weit fortgeschritten war, wandte sie sich an deutsche Stellen, hoffte auf eine Einflussnahme durch die deutsche Justiz[5].

Viktor Renner war seit dem 25. 4. 1952 Justizminister unter dem neuen Ministerpräsidenten Reinhold Maier, vorher Innenminister des Landes Württemberg-Hohenzollern[6]. Helene Marek glaubte also auf ihn hoffen zu können, wenn sie ihn „herzlich darum zu bitten" wagte, ihr „in der Freibekommung meines Mannes behilflich zu sein". Denn „ein wirklicher Kriegsverbrecher war mein Mann nicht. Für seine begangenen Fehler hat er nun 7 Jahre verbüsst. Die wirklichen Kriegsverbrecher werden von den Alliierten freigelassen und mein Mann muss immer noch inhaftiert bleiben." Dies ist die Botschaft, die Helene Marek senden will, dies ihre Motivation, vielleicht noch einmal angestoßen anlässlich des siebten Geburtstages ihrer Tochter Dorothea am 25. Juli 1952, sie ist so alt wie ihr Mann fort ist. In ausgesuchter Höflichkeit trägt sie ihre Bitte an den „Herrn Abgeordneten" vor, „ob es Ihnen nicht möglich sein wird als Justizminister des neuen Bundeslandes, sich in meiner Angelegenheit zu verwenden. Welche Möglichkeiten und Wege Ihnen offen stehen ist mir völlig unbekannt, aber ich habe die Hoffnung und den Glauben, dass Sie mir helfen werden...dass die Freibekommung meines Mannes zur Erhaltung meiner Familie und deren Existenz unbedingt notwendig ist"[7].

Der sprachlich holprige Begriff „Freibekommung" drückte das Wesentliche aus: Helene Marek war unbekümmert genug, dem neuen Justizminister ihre Unerfahrenheit mitzuteilen, denn ihr sei „völlig unbekannt", wie er inmitten der Diskussion über die Verfassung des neu gegründeten Landes, inmitten der Übertragung von Zuständigkeiten von der französischen Besatzungsmacht auf den neuen Staat Ba-

---

5   Die im März 1952 gewählte Verfassunggebende Landesversammlung von Baden-Württemberg wählte R.Maier zum Ministerpräsidenten. Vgl. Landesgeschichten Der deutsche Südwesten von 1790 bis heute. Das Buch zur Dauerausstellung im Haus der Geschichte Baden-Württemberg, Stuttgart Dezember 2002. Besonders Sabrina Müller, Aufbau des Südweststaates 1945 -1972, S. 198 ff.

6   Viktor Johannes Wilhelm Renner, 1899-1969. Internetzugriff 22.11. 2019.

7   Brief an Viktor Renner vom 26. Juli 1952 bei den Papieren Helene Mareks im Durchschlag.

den-Württemberg Zeit finden könne für ihr Anliegen[8].

Vielleicht erwartete sie Ende des Monats Juli 1950 in Wirklichkeit gar nichts mehr, weil ihr Rechtsanwalt Wilhelm Kurth aus Spaichingen Anfang des Monats die Unterlagen, die sie auch Viktor Renner hatte zur Verfügung stellen wollen, bereits nach Bonn an die „Zentrale Rechtsschutzstelle z.Hd. des Herrn Gawlik" geschickt hatte, ohne dass eine Antwort sie getröstet hätte. Kurth hatte in seinem Schreiben auf die positiven Zeugenaussagen von Erzingern und ehemaligen Häftlingen verwiesen, „Erzingen sei im großen und ganzen noch ein mildes Lager gewesen", weshalb man werde „behaupten dürfen, dass solche Scheusslichkeiten, wie sie nachweislich gegen Marek verübt worden sind, im Lager doch nicht vorgekommen sind". „Nach alledem wird man zu der Ansicht neigen dürfen, dass Marek durch die Behandlung, die er seinerzeit erfuhr, reichlich und überreichlich gesühnt hat, was er selbst etwa an Härten verursacht und zu verantworten haben könnte"[9]. Gemeint sind die „Misshandlungen, die Marek nach seiner Verhaftung erdulden musste", die von mehreren bezeugt worden war (s.o.).[10] Demnach glaubt Rechtsanwalt Kurth „den Nachweis geführt zu haben, dass dem Marek wirklich in einer ganz üblen Weise mitgespielt worden ist und dass irgendwelche Zweifel hieran nicht bestehen können".

Wenn die im Internierungslager Balingen von Marek als letzten Endes schlimmere Greuel als die von Häftlingen im KZ Erzingen erlittenen bezeichnet werden, so beruft sich Kurth auf Einschätzungen von einigen politischen Gefangenen, die vorher in anderen größeren KZ gewesen waren. Im „Nacht-und-Nebel-Lager" galt der Gefangene als zum Tode verurteilt, dass die Häftlinge „under the sentence of death" standen, wie es Isaak Wirschup, der einzige Jude in Erzingen, ausdrückte[11]. Wie schlimm Paul Marek behandelt wurde, erinnert an die Taten im „Schwarzen Lager" Dormettingen direkt nach dem Krieg.

8   Vgl. Theodor Eschenburg Erinnerungen1933-1999 Letzten Endes meine ich doch. Berlin 2.Aufl. 2000, S.119 ff. Staatsbildung im Südwesten.

9   Wilhelm Kurth, Spaichingen, am 4. 7. 1952 bei den Papieren Helene Mareks im Durchschlag

10   Aufgeführt sind der „Fabrikarbeiter Eugen Luippold" und die „Ehefrau Emilie Breymeyer", außerdem Laura Haller, Anna Haller, Ernst Rudischhauser,Anna Rudischhauser und Anna Kommer.

11   Opfermann,Jan, ist der Führer tot? a.a.O. S.36 und 102.

Liebe Helene und Kind!   Wittlich, den 21/9. 1952

Ich bestätige hiermit den Eingang deines Schreibens vom 14. Sept, und sage Dir
besten Dank dafür. Wie ich ersehe aus deinen Schreiben, möchtest eine Abschrift
der Urteilsbegründung haben. Ich habe auch gleich nach dem Rechtsanwalt
Kürth geschrieben. Falls er eine im Besitz hat, soll er eine Abschrift machen
und meiner Ehefrau zukommen zu lassen. Liebe Helene du schreibst, dass der
Kürth so betehrte, dass der Kirchenrat nur solchen Leuten hilft ist so ein Grund angebracht
ist. Der Kürth wird wohl dagegen sein, dass damals der Kirchenrat so viel Leuten
geholfen hat, wo er sie vor Jahren kannte und mich kennt er nicht, das musst du
wohl selber verstehen, oder aber verstehst mich nicht. Der Kürth bekommt für jedes Schreiben
von Bonn bezahlt das wirst du wohl auch wissen. Es sind hier Leute die schon 2 Jahre
Gesuche haben beim Kirchenrat und kann selber jetzt nichts machen. Es sind hier
so viele Leute, die noch Lebenstänglich haben. Liebe Helene Leumundszeugnis habe ich
kein, du musst von der Gemeinde ein holen von Erzingen und dann schreibe auch an die
Mutter, dass Mutter zu hause auf die Gemeinde gehen soll und soll ein Zeugnis verlangen, ich
weiss es nicht ob sie ein bekommt da ich schon so viel Jahre fort bin. Ob die Polen ein Zeug-
nis ausstellen werden. Liebe Helene der Herr Kommandant hat mir damals nichts gesagt
von Baden-Baden, ich habe Dir das so geschrieben, weil du mir schreibst wegen meiner Führung.
Liebe Frau wenn die Herren mir schon 7 Jahre nachgelassen haben da bin ich doch gut angesit.
Schicke nicht mehr von den Sachen, verstehe mich recht da ich nicht gebrauchen kann.
Liebe Helene dieses Jahr Felder und Wiesen litten unter der Dürre. Trotzdem wird das Brot reichen.
Päckchen erhalten.   Mit recht schönen Grüssen sendet Dir dein Paul.

Brief Marek 21.9.1952

Der Vergleich und die Aufrechnung der „Scheusslichkeiten" durch Wilhelm Kurth nutzte Marek nichts, aber in seinem nächsten Brief an seine Frau kommen die Bemühungen des Rechtsanwalts zur Sprache. Helene möchte eine Kopie des Urteils.

Paul Mareks Sätze zeigen den Einfluss eines offiziösen förmlichen Schriftverkehrs, hält sich wie immer weiterhin an die 20-Zeilen-Bestimmung für Briefe aus dem Gefängnis.

„Liebe Helene und Kind! Ich bestätige hiermit den Eingang deines Schreibens vom 14.
Sept. und sage Dir besten Dank dafür. Wie ich ersehe aus deinen Schreiben, möchtest
eine Abschrift den Urteilsbegründung haben. Ich habe auch gleich nach dem Rechtsan-
walt Kurth geschrieben. Falls er eine im Besitz hat, soll er eine Abschrift machen und
meiner Ehefrau zukommen zu lassen. Liebe Helene du schreibst, dass der Kurth so be-
tohnte, dass der Kirchenrat nur solchen Leuten hilft wo Gnade angebracht ist. Der
Kurth wird wohl dagegen sein, dass damals der Kirchenrat so vielen Leuten gehol-
fen hat, wo er sie vor Jahren kannte und mich kennt er nicht, das muss du wohl selber
verstehen, oder aber verstehst mich nicht. Der Kurth bekommt für jedes Schreiben von
Bonn bezahlt das wirst du wohl auch wissen. Es sind hier Leute die schon 2 Jahre Ge-
suche haben beim Kirchenrat und kann selber jetzt nichts machen. Es sind hier so viele
Leute, die noch Lebenslänglich haben.
Liebe Helene Leumundszeugnis habe ich kein, du muss von der Gemeinde einholen
von Erzingen und dann schreibe auch an die Mutter, dass Mutter zuhause auf die
Gemeinde gehen soll und soll ein Zeugnis verlangen, ich weiss es nicht ob sie ein be-
kommt da ich schon so viel Jahre fort bin. Ob die Polen ein Zeugnis ausstellen werden.
Liebe Helene der Herr Kommandant hat mir damals nichts gesagt von Baden-Baden,
ich habe Dir das so geschrieben, weil du mir schreibst wegen meiner Führung. Liebe
Frau wenn die Herren mir schon 7 Jahre nachgelassen haben da bin ich doch gut an-
gesehen. Schicke nicht mehr von den Sachen, verstehe mich recht, da ich nicht gebrau-
chen kann. Liebe Helene dieses Jahr, Felder und Wiesen litten unter der Dürre. Trotz-
dem wird das Brot reichen. Mit recht schönen Grüssen sendet Dir dein Paul. Päckchen
erhalten."

Helene Marek benötigte für ihre Bemühungen zur Entlassung ihres Mannes das Urteil, wird jedoch auf den Rechtsanwalt Kurth verwiesen. Da zeigt sich bei Paul Marek, wie er über Kurth denkt, denn dieser verdiene an den Schreiben nach Bonn. Implizit ist damit gesagt, dass ihr Rechtsanwalt die Sache mit dem Gnadengesuch prolongiere, damit er mehr Geld einnimmt. Skepsis zeigt Marek auch gegenüber dem Kirchenrat, der nur „solchen Leuten hilft", die Gnade verdienen, und das hänge davon ab, ob man den Bittsteller kenne oder nicht. Ihn als Fremden kenne dieser nicht, wolle wohl auch nicht, was er insistierend ausdrückt, dass dies Helene „wohl selber verstehen" müsse, „oder aber du verstehst mich nicht". Solche ultimativen Formulierungen drücken Zweifel, vielleicht sogar an seiner Frau aus. Ihm sind die vielen Bedingungen und bürokratischen Bestätigungen, die man für eine Begnadigung braucht, lästig, denn wenn er fast unwirsch, „Leumundszeugnis" habe er keins, schreibt, sie solle eins bei der „Gemeinde Erzingen einholen", meint er auch, dass ihm als nicht Einheimischen dies möglicherweise verweigert werden könnte. Die Befürchtung ist ja vielleicht richtig; wie sollte auch die Gemeinde Erzingen ein Führungszeugnis ausstellen, wenn im Dorf ein in Schlesien Geborener lediglich 12 Monate für eine fremde Firma gearbeitet, KZ-Häftlinge beaufsichtigt und geschlagen hatte, wofür er in Rastatt verurteilt worden war!

Die Heirat mit Helene Jetter und die Geburt der Tochter Dorothea, der unermüdliche Kampf für ihn und noch so viele positive Zeugen in Erzingen hätten als Gegengewicht für ein „Leumundszeugnis" schwerlich gereicht.

Schwierigkeiten erwartet Marek ebenso, wenn 1952 im heutigen Polen, zu dem Schlesien seit den Beschlüssen der Konferenz von Potsdam gehört, seine Mutter ein Leumund-Zeugnis ausstellen lassen wolle, da ist seine berechtigte Skepsis angebracht. Mitten im „Kalten Krieg", im Jahr der sog. „Stalin-Note"[12], ein solches Dokument in den damals noch so genannten „ehemaligen Deutschen Ostgebieten" an der „Oder-Neiße-Linie" zu fordern und zu bekommen wäre gewiss äußerst langwierig gewesen, wenn überhaupt möglich, weil Marek, wie er richtig einschätzt, „schon

---

12   Im März 1952 hatte Stalin den ehemaligen Alliierten Frankreich, Großbritannien und den Vereinigten Staaten in einer Note Verhandlungen über die Wiedervereinigung ganz Deutschlands unter der Bedingung angeboten, dass dieses Gesamtdeutschland neutral bleiben solle. Die Note wurde von Bundeskanzler Konrad Adenauer und den Westmächten abgelehnt.

so lange fort ist".

Missverständnis und ungenügende Information scheint er jedoch dem im vorigen Brief bereits erwähnten „Herrn Kommandanten" vorzuwerfen, der habe „nichts gesagt": als kontrollierter Gefängnisinsasse kann er natürlich nicht konkreter werden, auch wegen „Baden-Baden" , dem Sitz der Besatzungsmacht, nicht, aber das Grundvertrauen in die Obrigkeit, sowohl die der Anstalt wie der französischen Militärs ist erschüttert, „wenn die Herren mir schon 7 Jahre nachgelassen haben".

Offenbar hatte es mit einem weiteren Straferlass geklappt, zusammenrechnet entspricht das um 7 Jahre verminderte Strafmaß der Zeit, die er schon eingesperrt ist.

Am Ende des Briefes spricht er von „Sachen", die er „nicht gebrauchen" könne, Helene solle sie nicht mehr schicken. Dies ist Ausdruck einer großen Resignation, wenn nicht sogar Verzweiflung über die Vergeblichkeit jeglicher Hilfe. Er lehnt weitere Päckchen ab, redet er vom Wetter für die Ernte, denn – die Formulierung ist mutmaßlich einer Zeitung entnommen – „Felder und Wiesen litten unter der Dürre". „Trotzdem wird das Brot reichen"

Ob Mareks Mutter in Polen auf dem Gemeindebüro war, um ein „Zeugnis" für ihren Sohn zu erhalten, ist nicht bekannt, lediglich ein viel späterer Brief hat Helene erreicht, da war ihre damals 7jährige Tochter längst verheiratet[13].

Im September 1952 erschien in der Augsburger Zeitung „Mann in der Zeit" „Zeitung für Stadt und Land" ein in großen Lettern überschriebener Artikel

„Neue Hoffnung im Kriegsverbrecher-Gefängnis", der „Zwei Fälle herausgegriffen" hatte: einer davon ist der von Paul Marek.

„Vor der Ratifizierung des Deutschlandvertrages[14] ist eine Revision der von den Siegermächten nach 1945 gefällten Kriegsverbrecher-Urteile von der Mehrheit des Bundestages gefordert worden. Die Westmächte – vor allem die USA und England

---

13   Es ist ein Brief vom 3.4. 1970. Darin werden die Lebensdaten von Paul Mareks Eltern und Großeltern mitgeteilt.

14   Der Deutschlandvertrag: im Mai 1952 beendete das Besatzungsstatut für die Bundesrepublik Deutschland. Sie sollte gleichzeitig in die EVG, die Europäische Verteidigungsgemeinschaft, aufgenommen werden: Bundeskanzler Adenauer wollte diesen Schritt zur sog. „Westintegration". Die „Stalinnote" des gleichen Jahres mit dem Angebot der eventuellen Wiedervereinigung eines dann zur Neutralität verpflichteten Gesamtdeutschlands lehnte er ab.

Die Russen wollen vermindern, daß…

Zwei Fälle herausgegriffen:

Neue Hoffnung im Kriegsverbrecher-Gefängnis

Vor der Ratifizierung des Deutschlandvertrages ist eine Revision der von den Siegermächten nach 1945 gefällten Kriegsverbrecher-Urteile von der Mehrheit des Bundestags gefordert worden. Die Westmächte — vor allem die USA und England — haben bereits erkennen lassen, daß sie dieser Forderung, die keineswegs tatsächliche Verbrechen schützen soll, Rechnung tragen wollen. Damit ist endlich die Möglichkeit gegeben, Hindernisse der Verständigung zwischen Deutschland und den westlichen Alliierten zu beseitigen.

Wittlich, das Kriegsverbrecher-Gefängnis der französischen Zone in der Eifel, beherbergt im Gegensatz zu Landsberg und Werl keine „Prominenten". Es sind durchweg Leute ohne Geld, ohne Namen und Beziehungen. 24 von ihnen wurden zu Ostern dieses Jahres amnestiert. Die übrigen 122 Häftlinge setzen nun ihre ganze Hoffnung auf die Revisionsverhandlungen. Unser Berichterstatter besuchte das Kriegsverbrecher-Gefängnis in Wittlich.

Ich trete in den Innenhof des Wittlicher Kriegsverbrecher-Gefängnisses und sehe eine Gruppe von Häftlingen vor mir. Jeder hat hier seine Nummer — und ist es wohl auch. Jeder ist hier ein „Fall". Zwei von ihnen will ich herausgreifen, um — gewiß in unvollkommener Form — die Problematik der Kriegsverbrecherfrage aufzuzeigen.

Gefangener Nr. 72: M a r e k, Paul, 47jähriger Schachtmeister aus Oberschlesien, der als Zivilist im Auftrag der Magdeburger Bauunternehmung König der Deutschen Oelschieferforschungsgesellschaft in Balingen zur Verfügung gestellt wurde und 1945 in die Gegend kam, die ihm wegen „brutaler Behandlung von Fremdarbeitern" zum Verhängnis werden sollte. Er wurde in Rastatt mit 20 Jahren Zwangsarbeit bestraft. Unter anderen weniger schwerwiegenden Vergehen hat man ihn für schuldig befunden, an dem Tod eines seiner ihm unterstellten Arbeiter schuld zu sein. Beim Abladen schwerer Rohre kam dieser Mann infolge eines Betriebsunfalls ums Leben. Auf Grund von Gnadengesuchen wurden ihm 5 und dann 2 weitere Jahre seiner Strafe erlassen. Der letzte Gnadenakt war die Antwort auf ein von Staat und Kirche unterstütztes Bittgesuch seiner Frau Helene, die seit der Brandkatastrophe am 18. 9. 1951, der das gesamte elterliche Anwesen zum Opfer fiel, trotz unermüdlicher Arbeit mit ihrer Schwester nicht in der Lage ist, der Not Herr zu werden. Sie hatte um Erlaß der Reststrafe gebeten. Nach den trüben Erfahrungen, die Nr. 72, so wie viele andere, mit ihren damaligen Offizialverteidigern machen mußte, ist sie nun voller Hoffnung auf die Arbeit des neuen, ihm von der Bonner Rechtsschutzstelle zugeteilten Anwalts. Im Rahmen der von alliierter Seite angekündigten Wiederaufnahme der Verfahren gegen die noch inhaftierten 685 Kriegsverbrecher wird Häftling Marek Anzeige erstatten gegen den Verlag „Die neue Demokratie", der ihn schwerster Verbrechen beschuldigt.

Marek wurde in dem Lager Balingen schwer mißhandelt. Er wurde unter persönlicher Leitung des damaligen Lagerkommandanten — genannt „Balbo" — ausgepeitscht und schwer verletzt.

In Erzingen, wo seine Frau wohnt, hat Pfarrer Bötsch ein mit 215 Unterschriften versehenes Gnadengesuch für Marek verfaßt, das aber ohne Erfolg blieb.

Häftling Nr. 58: K r a u s, Josef, 51jähriger Wohlfahrts…ter, wurde wegen eines Nierenleidens, das ihn frontverwendungsunfähig machte, zu einer Wacheinheit der SS abkommandiert, obwohl er immer dem Heer zugehört hatte. Der ehemalige Stabsfeldwebel befindet sich auch heute noch in ungekündigter Stellung bei der Stadtverwaltung Bad Cannstatt. Französische Staatsanwälte und Richter haben in Rastatt wiederholt bei ähnlich gelagerten Fällen wörtlich erklärt: „Ihre Vergehen reichen für eine Strafe nicht aus, aber die hier anwesenden Beisitzer, durchweg Vertreter radikaler Richtungen und Parteien, erwarten von uns Richtern mindestens 6—7 Jahr Zwangsarbeit für Sie!" Man warf ihm aus am Tod zahlreicher Häftlinge des Lager „Vulkan" bei Haslach verantwortlich zu sein, und verurteilte ihn am 8. 10. 1947 zum Tode.

Kraus, der erst im November 1944 vom Heer zur SS kam, hatte Befehl, 200 französische Partisanen von Haslach nach „Vulkan" zu verlegen. Als er dort ankam, war die vorgesehene Unterkunft nicht leer, da die Ruhr ausgebrochen war. Darauf erhielt er von seinem Chef, dem Lagerleiter Buck, der 1947 deswegen hingerichtet wurde, den Befehl, die Gefangenen in den Stollen des Lagers „Vulkan" unterzubringen. 8 Wochen hielt dieser Zustand an. Wer in dieser Zeit, bedingt durch die Verhältnisse in den Stollen, gestorben ist, kam auf das Konto dieser beiden Männer. Der eine ist nicht mehr und der andere, die Nr. 58 in Wittlich, verdankt sein Leben ausschließlich seiner resoluten, aber schwer herzkranken Frau Frieda.

Erst war sie erschüttert, daß ihr Mann solche Verbrechen begangen haben sollt. Dann aber, als sich immer mehr meldeten, die für ihn sprachen, kamen auch ihr Zweifel. Und dann fing sie mit Mut an, für ihn zu kämpfen. Sie schaffte zusammen mit ihrem Anwalt „lebenslänglich".

Die Stadtverwaltung Bad Cannstatt brachte mit vielen Unterschriften seiner früheren Arbeitskameraden zum Ausdruck, daß sie sich hinter den so schwer beschuldigten Kraus stellt. Seine Frau und sein Sohn hoffen nun, daß sich auch für Josef Kraus bald die Tore von Wittlich öffnen.

(J. V.)

„Im Innenhof des Wittlicher Kriegsverbrecher-Gefängnisses sah ich eine Gruppe von Häftlingen."

Paul Marek schreibt seiner Frau aus dem Kriegsverbrecher-Gefängnis in Wittlich: „Du wirst Dich wundern . . ., ich bin ein alter Mensch geworden, aber einmal wird es wohl werden, daß ich nach Hause darf zu meinen Lieben."

Frau Kraus wartet mit ihrem Sohn auf die Freilassung ihres Mannes, dessen Todesurteil in „lebenslänglich" umgewandelt wurde. Das verdankt Kraus einer Frau, die immer wieder neue Entlastungsbeweise für ihn herbeischaffte.

Text und Bild aus „Mann in der Zeit" über Paul Marek

– haben bereits erkennen lassen, daß sie dieser Forderung, die keineswegs tatsächliche Verbrechen schützen soll, Rechnung tragen wollen. Damit ist endlich die Möglichkeit gegeben, Hindernisse der Verständigung zwischen Deutschland und den westlichen Alliierten zu beseitigen."

„Der Strafvollzug im Wittlicher Kriegsverbrechertrakt unterschied sich deutlich von jenem in gewöhnlichen Gefängnissen und war seit Beginn der1950er Jahre mit einigen Lockerungen verbunden. Nach einem Bericht des Anstaltsleiters Ottinger aus dem Jahre 1951 gewährte man – dies in Absprache mit den französischen Aufsichtbeamten, deren Zustimmung generell Voraussetzung war – den Inhaftierten überdurchschnittliche Vergünstigungen".[15] Die Insassen mussten keine Häftlingskleidung tragen, konnten sich bei Hofgängen in Kleingruppen treffen und miteinander kommunizieren. Das Bild in dem Zeitungsausschnitt zeigt beides, Paul Marek, gekennzeichnet durch die Ziffer 72, konnte als ein Beispiel dafür gelten, dass "neue Hoffnung" im Kriegsverbrechergefängnis aufkam: „Der Wahrnehmung der Häftlinge, die ihre Unfreiheit in aller Regel nicht damit erklärten, dass sie Verbrechen begangen hatten, sondern dass sie Kriegsgefangene waren, wurde so entsprochen"[16].

In seinem ersten Brief aus Wittlich hatte Paul Marek ja seiner Frau mitgeteilt, dass die sie Unterhaltsbeihilfe als Angehörige eines Kriegsgefangenen bekomme (vgl. S.64ff.).

„Wittlich, das Kriegsverbrecher-Gefängnis der französichen Zone in der Eifel, beherbergt im Gegensatz zu Landsberg und Werl keine ‚Prominenten'. Es sind durchweg Leute ohne Geld, ohne Namen und Beziehungen. 24 von ihnen wurden zu Ostern dieses Jahres amnestiert. Die übrigen 122 Häftlinge setzen nun ihre ganze Hoffnung auf die Revisionsverhandlungen. Unser Berichterstatter besuchte das Kriegsverbrecher-Gefängnis in Wittlich."

„Ich trete in den Innenhof des Wittlicher Kriegsverbrecher-Gefängnisses und sehe eine Gruppe von Häftlingen vor mir. Jeder hat hier seine Nummer – und ist es wohl auch. Jeder ist hier ein ‚Fall'. Zwei von ihnen will ich herausgreifen, um – gewiß in unvollkommener Form – die Problematik der Kriegsverbrecherfrage aufzu-

15   Christopher Spies, a.a.O. S.152.
16   Christopher Spies, a.a.O. S.153.

zeigen.

Gefangener Nr. 72: M a r e k, Paul, 47-jähriger Schachtmeister aus Oberschlesien, der als Zivilist im Auftrag der Magdeburger Bauunternehmung König der Deutschen Oelschieferforschungsgesellschaft in Balingen zur Verfügung gestellt wurde und 1945 in die Gegend kam, die ihm wegen ‚brutaler Behandlung von Fremdarbeitern‘ zum Verhängnis werden sollte. Er wurde in Rastatt mit 20 Jahren Zwangsarbeit bestraft. Unter anderen weniger schwerwiegenden Vergehen hat man ihn für schuldig befunden, an dem Tod eines seiner ihm unterstellten Arbeiter schuld zu sein. Beim Abladen schwerer Rohre kam dieser Mann infolge eines Betriebsunfalls ums Leben. Auf Grund von Gnadengesuchen wurden ihm 5 und dann weitere 2 Jahre seiner Strafe erlassen. Der letzte Gnadenakt war die Antwort auf ein von Staat und Kirche unterstütztes Bittgesuch seiner Frau Helene, die seit der Brandkatastrophe am 18.9. 1951, der das gesamte elterliche Anwesen zum Opfer fiel, trotz unermüdlicher Arbeit mit ihrer Schwester nicht in der Lage ist, der Not Herr zu werden. Sie hatte um den Erlaß der Reststrafe gebeten. Nach den trüben Erfahrungen, die Nr. 72, so wie viele andere, mit ihren damaligen Offizialverteidigern machen mußte, ist sie nun voller Hoffnung auf die Arbeit des neuen, ihm von der Bonner Rechtsschutzstelle zugestellten Anwalts. Im Rahmen der von alliierter Seite angekündigten Wiederaufnahme der Verfahren gegen die noch inhaftierten 685 Kriegsverbrecher wird Häftling Marek Anzeige erstatten gegen den Verlag ‚Die neue Demokratie‘, der ihn schwerster Verbrechen beschuldigt.

Marek wurde in dem Lager Balingen schwer mißhandelt. Er wurde unter persönlicher Leitung des damaligen Lagerkommandanten – genannt ‚Balbo‘ – ausgepeitscht und schwer verletzt.

In Erzingen, wo seine Frau wohnt, hat Pfarrer Bötsch ein mit 215 Unterschriften versehenes Gnadengesuch für Marek verfaßt, das aber ohne Erfolg blieb.“

Unter dem Bild von Marek und Helene bei bäuerlicher Tätigkeit, Pferd und Heu, wird Paul zitiert: „Du wirst Dich wundern…Ich bin ein alter Mensch geworden, aber einmal wird es wohl werden, daß ich nach Hause darf zu meinen Lieben“[17].

---

17 Der Zeitungsartikel ist unterzeichnet von (J.W.). In: Mann in der Zeit, Zeitung für Stadt und Land, Augsburg, September 1952 Nr. 9, 5. Jahrgang, Rückseite der Titelseite.

Der Artikel enthält in Kürze noch einmal das ganze Schicksal Paul Mareks und die Bemühungen seiner Frau, ihm eine Entlassung zu ermöglichen. Dass Helene dem Journalisten J.W. die Einzelheiten korrekt mitgeteilt hatte, ist wahrscheinlich, wird jedoch in den Unterlagen nicht erwähnt, auch nicht, ob er sie bei seinen Recherchen aufgesucht hat. Der Zeitungsartikel bestätigt die Ansicht Pauls aus einem seiner Briefe, dass die Gefangenen zu Ostern, wenn überhaupt, entlassen würden, denn „24 wurden zu Ostern" amnestiert.

Im Nachhinein liest sich der Schlüsselsatz „man hofft bis Weihnachten" anders, als er gemeint sein dürfte: man hofft, dass einige von uns „bis Weihnachten entlassen" werden, jedoch nicht, dass man „nicht länger als bis Weihnachten hofft". Der Brief ist der letzte.

Zum Zeitpunkt des Briefes Ende Oktober 1952 fand auf dem Wittlicher Marktplatz eine „Treuekundgebung" anlässlich einer „Gedenkwoche", die an die im Wittlicher Gefängnis noch Inhaftierten erinnern sollte, statt. Die Veranstaltung wurde organisiert vom „Verband der Heimkehrer, Kriegsgefangenen und Vermißten-Angehörigen Deutschlands", der die „Freilassung aller Kriegsverurteilten ohne Unterschied von Rang und Namen und die Überstellung der Verbleibenden unter die deutsche Gerichtsbarkeit" forderte.[18] Die Veranstalter der Rechten hatten ursprünglich vor, in der Nähe des Wittlicher Gefängnisses diese Demonstration zu machen, konnten sich jedoch nicht durchsetzen, weil die Bundesregierung unter Adenauer die Verhandlungen über die Westintegration und Wiederbewaffnung mit Frankreich und anderen Besatzungmächten nicht gefährden wollte.[19] Denn die revanchistische Kundgebung sollte ja das Misstrauen gegenüber deren Gerichten auf der Straße augenfällig machen. Es ist deshalb anzunehmen, dass die Insassen der Wittlicher Haftanstalt die Stimmung draußen im Ort mitbekamen oder ihnen von dem „Mahnfeuer" als Protest gegen die Festhaltung der Gefangenen, die keine Kriegsverbrecher seien, erzählt wurde, so dass auch Paul Marek vielleicht neue Hoffnung schöpfte.

18   Internetzugriff 30.11.2020 zu „Kriegsverurteilte" im Wittlich Gefängnis.
19   Ibidem

Wittlich, den 26/10 1952

Liebe Helene und Kind!

Nun will ich dir in den letzten Monat ein paar Zeilen zukommen lassen. Seid Ihr alle gesund und munter, denn gesund bleiben ist das die Hauptsache des Menschen, mir geht es gesundheitlich auch gut, nur die Freiheit brauche ich, aber die kommt auch bald, man hofft bis Weihnachten. Liebe Helene ich bekam jetzt eine Bescheinigung und schicke ich dir einen Sonntags Reis, dann gehe auf die Bahn den Fahrpreis drauf schreiben was es bis hier kostet und die Unterschrift von dir. Du kannst den Schein wieder mir zurück schicken und ich gebe den Schein dem Dr. Linker ab. Der Dr. Linker ist in dem Zimmer da wo du letztes mal gewesen bist um Fahrgeld. Liebe Helene wie weit ist die Feldarbeit. Hoffentlich habt Ihr schon alles zuhause, oder noch nicht alles fertig. Ich habe auch Krengut heimgeschickt, vielleicht hast du das auch schon erhalten ein Kartoffelkorb und ein kleines Körbchen war dabei. In den Korb war ein kleines Blech am Griff hebe es auf. Ich bin feste an Körbe machen nur alleine, es ist noch viel alte Weide und neue kommt nächsten Monat. Es waren 2 Mann bei mir und die müssen jetzt Mauern. Liebe Helene die Wurst war sehr gut, war es deine eigene, oder hast du gekauft. Liebe Helene wie viel Fässer hast Most ein, oder 2 Fässer da hast du Obst kaufen müssen zum Mosten. Schreibe mir auch, ob du schon auch Weide geschnitten hast wo ich geschickt damals habe. Herbstweller ist nicht gut Regen und Kälte. Viele Grüsse auch an alle daheim. Bis dahin recht herzliche Grüsse sendet dir dein Paul.

Brief Marek 21.9.1952

„Liebe Helene und Kind!

Nun will ich dir in den letzten Monat ein paar Zeilen zukommen lassen. Seid Ihr alle gesund und munter, denn gesund bleiben ist das, die hauptsache des Menschen, mir geht es gesundheitlich auch gut, nur die Freiheit brauche ich, aber die kommt auch bald, man hofft bis Weihnachten.

Liebe Helene ich bekam jetzt eine Bescheinigung und schicke ich dir im Sonntags Brief, dann gehe auf die Bahn den Fahrpreis drauf Schreiben was es bis hier kostet und die Unterschrift von dir. Du kannst den Schein wieder mir zurück schicken und ich gebe den schein dem Dr. Linker ab. Der Dr. Linker ist in den Zimmer da wo du letztesmal gewesen bist um Fahrgeld. Liebe Helene wie weit ist die Feldarbeit! Hoffendlich habt Ihr schon alles zuhause, oder noch nicht alles fertig. Ich habe auch leergut heimgeschickt, vielleicht hast du den auch schon erhalten ein Kartoffelkorb und ein kleines Körbchen war dabei. In den Korb war ein kleines Blech am Griff hebe es auf. Ich bin feste an Körbe machen nur alleine, es ist noch viel alteltriche (?) und neue kommt nächsten Monat. Es waren 2 Mann bei mir und die müssen jetzt Mauern. Liebe Helene die Wurst war sehr gut, war es deine eigene, oder hast die gekauft. Liebe Helene wieviel Fässer hast Most ein, oder 2 Fässern da hast du Obst kaufen müssen zum Mosten. Schreibe mir auch Weide geschnitten hast wo ich geschickt damals habe. Herbstwetter ist nicht gut Regen und kalt.

Viele Grüsse auch an alle daheim. Bis dahin recht herzliche Grüsse sendet dir dein Paul.“

Die Formulierung zu Beginn des Briefes „in den letzten Monat" zeigt, wie sehr Paul Marek mit seiner baldigen Entlassung in wenigen Wochen rechnet. Es geht allerdings auch sehr konkret um Fahrgeldrückerstattung für eine Bahnfahrt nach Wittlich, die Helene Marek mehrfach unternommen hatte, auch mit ihrer Tochter Dorothea. Diese erinnert sich heute, bei den Besuchen Angst vor ihrem Vater gehabt zu haben, weil sie ihn ja nicht kennen konnte. Die Besuche fanden immer unter der Aufsicht von sechs Uniformierten statt, das Ehepaar Marek war nie allein, und die Uniformen schüchterten die Tochter ein, die sich auf die Knie des Vaters setzen musste. Richtig reden konnten die Eheleute deshalb auch nicht[20]. Immerhin erhielten die Angehörigen der Gefangenen das Fahrgeld – die Fahrstrecke ist ja weit genug – zurück, wenn sie einen Antrag ausfüllten und unterschrieben wieder abgaben.

Die Sehnsucht nach Freiheit formuliert Paul Marek formelhaft, ebenso ist er sich sicher: „aber die kommt auch bald", „man hofft bis Weihnachten".

Hier treffen sich die Wünsche Bernard Hemmers, des ehemaligen holländischen Blockältesten im Lager Erzingen, mit denen Mareks, obwohl es natürlich zwei völlig unterchiedliche Welten sind: ein rechtmäßig als Kriegsverbrecher Verurteilter und ein zu Unrecht im KZ eingesperrter politischer Widerstandskämpfer und NN-Häftling. Hemmer hatte von Julien Lievevrouw eine Geburtstagskarte gemacht bekommen, die in markanter Weise den Hauptwunsch nach Freiheit manifestiert: „Die Freiheit kommt zurück"[21]. Weil diese Karte zum 24. Oktober 1944 angefertigt wurde, fällt dies in die Zeit, als Marek bereits längere Zeit die Arbeit der Häftlinge beaufsichtigte, dass Bernard Hemmer selbstverständlich den später in Rastatt für schuldig Befundenen kannte und der Familie Jetter ein „Zeugnis" ausstellte, „unseren Gefangenen (des KZ Erzingen) sehr viel Gutes getan" zu haben. Das Schreiben vom 12. Juli 1948 ist ein frühes Zeichen, dass dieser ehemalige NN-Gefangene sich „im Namen aller Gefangenen den Wunsch" für Schonung der Familie vor „Massnahmen" der „Besatzungsbehörden" ausspricht[22].

Zwar kann man diesem Brief eine gewisse Distanz zur französischen Besatzungsmacht entnehmen, wenn er dieser den Ratschlag erteilt, „die vielen und guten Gaben" der „Anti-Nazis", die den Tod mancher Gefangener verhindert hätten, zu berücksichtigen. Als Zeugen waren in Rastatt vor dem französischen Militärgericht ja im Falle Marek nur französische Häftlinge aufgetreten. Für die Familie Jetter war das Zeugnis sehr wichtig und erwünscht, und vier Jahre später wird ein weiterer Brief Bernard Hemmers vom 22. Juli 1952 wiederum als Beispiel angeführt, dass Paul Marek „nunmehr begnadigt" wird[23].

20   Mündlich von Dorothea Keinath am 19.2. 2020 zum Verfasser.

21   Opfermann, Jan, ist der Führer tot"? Portraits und Glückwunschkarten im KZ Erzingen, a.a.O. S.54.

22   Brief Bernard Hemmers vom 12. Juli 1948 in Abschrift, beglaubigt von Rechtsanwalt Zeller, dem ehemaligen Landrat des Kreises Balingen.

23   Abschrift des Briefes Geesteren, den 22. Juli 1952 als Anlage für Wilhelm Kurth, Spaichingen.

Bernhard Hemmer
Hoeve "De Boschmieder"
  Vermolen
Geesteren (Ov)

Geesteren, 12. Juli 1948

Zeugnis

Unterzeichneter Bernard Hemmer, wohnhaft zu Geesteren (Holland), der während des Krieges mehr als 3 Jahre in Deutschen Gefängnissen und Konzentrationslagern verweilt hat, wegen Hilfe die Alliierten Flieger bewiesen, erklärt hiermit:

Dass er als Häftling im KZ Lager Erzingen (Kreis Balingen) verbracht hat die Zeit von Juli 1944 ab bis April 1945 und da erfahren hat, dass die Familie Jetter aus Erzingen unseren Gefangenen sehr viel Gutes getan hat.

Als wir damals im Dorfe Erzingen arbeiten sollten, hat die Familie Jetter, welche besteht aus Helene Marek geb. Jetter, Luise Jetter und die Mutter Jetter (Wtw) unseren Gefangenen häufig allerhand Lebensmittel zugesteckt. Da diese Handlungsweise der Familie Jetter strengstens untersagt war, und wir unter der Hute der SS unsere Arbeit ausführen mussten, bring ich in Namen aller Gefangener des Lagers Erzingen der Familie Jetter unseren wohlgemeinten Dank. Die Familie Jetter hat durch ihr tüchtiges Benehmen bewiesen noch edle Menschen zu sein, die sich das Los unserer Gefangenen sehr angezogen hat.

Ich erkläre weiterhin, dass sich die Familie Jetter als sehr anti-Nazis geführt hat und dass sie mit ihren vielen und guten Gaben daran mitgeholfen hat, dass mancher Gefangene noch nicht vor Hunger und Elend gestorben ist.

Ich spreche denn auch in Namen aller Gefangenen den Wunsch aus, dass die Besatzungsbehörden in ihren Massnahmen gegen die Deutsche Bevölkerung mit dieser Tatsache gehörig rechnen sollen und hoffe, dass die Familie Jetter als Dank für das Viele den Ausländern bewiesen geschont werden soll.

(gez.) B. Hemmer

Vorstehende Abschrift
beglaubigt

Rechtsanwalt

Brief von Bernard Hemmer vom 12. Juli 1948

Diesen Brief Hemmers schickte Helene Marek ihr Rechtsanwalt Wilhelm Kurth als Anlage mit, er selbst geht auf die Probleme ein, die Paul Marek in verschiedenen seiner Schreiben im Jahr 1952 geäußert hatte. Kurth möchte am 10. 11.1952 „Zuversicht" verbreiten.

„Das Gnadengesuch zugunsten Ihres Gatten läuft noch und wird jetzt an Weihnachten entschieden werden. Es ist also im Augenblick nichts erforderlich. Herr Hemmer hat sich laut Anlage vom 22. Juli für Ihren Gatten ausgesprochen. Diese Schreiben ist vom Bundesjustizministerium übersetzt und legalisiert worden und liegt meinem Gesuche bei. Ausserdem hat ja Herr Hemmer Ihnen mitgeteilt, dass er noch direkt an den Herrn Commissaire Francois-Poncet geschrieben habe. Was er dort geschrieben hat, weiss ich natürlich nicht und bekomme ich auch nicht zu sehen. Dass es aber eine Empfehlung für Ihren Gatten ist, ist doch selbstverständlich. Wir müssen nun abwarten , was zu Weihnachten verfügt wird. Ich rechne mit umfangreichen Begnadigungen, insbesondere für Ihren Mann.
Ich habe Ihren Mann am 4. ds.Mts. im Wittlicher Gefängnis besucht und habe ihn bei guter Gesundheit angetroffen. Er lässt Sie herzlich grüssen. Ich habe auch mit dem Herrn französischen Kommandanten sowie dem deutschen Direktor und dem Herrn Anstaltsgeistlichen über Ihren Gatten gesprochen. Alle drei Stellen waren über seine Führung im Gefängnis im höchsten Grade befriedigt und haben sich lobend ausgesprochen. Das Gesuch wird dringend befürwortet. Ich habe also von mir aus alles getan, was Ihrem Gatten und damt auch Ihnen helfen kann. Ihr Gatte hat mir dann noch mitgeteilt, es wäre anscheinend ein sonderbares Missverständnis entstanden hinsichtlich der Gnadengesuche, die von Herrn Kirchenrat Sachsse und von mir eingereicht werden. Dazu ist folgendes zu sagen: Sowohl Herr Kirchenrat Sachsse wie ich reichen Gesuche, wo wir persönlich uns für den betreffenden Häftling einsetzen, nur dann ein, wenn wir überzeugt sind, dass der Betreffende auch wirklich ein tadelloser Mensch ist. Bei Ihrem Gatten sind wir davon überzeugt. Die Annahme, er könnte vorbestraft oder sonst irgendwie belastet sein, halte ich für absolut unrichtig. Sie können also hinsichtlich Ihres Gatten und der Anschauungen über ihn vollkommen beruhigt sein.
Das Justizministerium in Stuttgart hat übrigens sowohl Ihnen wie mir unterm 29. Oktober mitgeteilt, dass es das Gesuch für Ihren Gatten befürwortet hat. Infolgedessen

können wir, d.h. sowohl Ihr Gatte wie Sie wie auch ich der weiteren Entwicklung mit Zuversicht entgegensehen.
In diesem Sinne begrüsse ich Sie mit allen guten Wünschen hochachtungsvoll Kurth Rechtsanwalt."[24]

Alle in Paul Mareks Briefen angesprochenen Probleme, über die er sich im Laufe des Jahres 1952 aufgeregt hatte, scheinen durch Gespräche des Rechtsanwalts mit den Verantwortlichen gelöst: im Gefängnis Wittlich, beim Kirchenrat, beim Bundesjustizministerium in Bonn, bei Justizminister Viktor Renner in Stuttgart, so dass die Hoffnung auf Entlassung zu Weihnachten 1952 in großem Maße gestärkt worden sein dürfte. Dennoch findet das Gnadengesuch keine Zustimmung. Die Frage nach dem Warum könnte Helene in einem ihrer Schreiben im neuen Jahr 1953 gestellt haben, es gibt jedoch keine Dokumente dazu.

In ihrem Brief, der als einziger aus Wittlich zurückgeschickt wurde, stellt sie am Ende die entscheidende Frage: „Ist keiner mehr entlassen worden?"

Weil ihr Brief vom 22. Januar 1953 ein Vermerk- oder Sichtzeichen und einen Eingangsstempel vom 23. Januar 1953 enthält und für den Rücktransport mit einem Klebenstreifen mit dem Aufdruck „Strafanstalt und Jugendgefängnis" wieder verschlossen wurde, ist rückblickend zu folgern, dass Paul vielleicht nicht mehr in der Lage war, diesen Brief zu verkraften.

Helenes Schreiben ist so „normal", spiegelt ihr Leben wieder, aber sie reflektiert auch ihre Situation als Frau, die schon 8 Jahre auf ihren Mann wartet. Aufbauend hätte der Brief zu einem anderen Zeitpunkt sein können, war er für Paul Marek nach der Enttäuschung, zu Weihnachten nicht wie erhofft entlassen worden zu sein, jedoch nicht:

„Lb. Paul! Heute und gestern war es ein schöner Tag bei uns, die Sonne hat schön geschient, aber heute Abend ist es recht kalt, in den letzten Tagen war es bei uns immer so neblig, die Sonne kam gar nicht an den Himmel. Gestern hat man den Gottlob Link zu Grabe getragen. Er war schon lange krank (an Wassersucht). Er ist jetzt

---

24   Brief mit Anlage vom 10.11.52 Wilhelm Kurth, Spaichingen Dreifaltigkeitsbergstr. 8

Brief Helene Mareks an Paul 23.1. 1953

76 Jahre alt. Lb. Paul ich bekam von Frau Kittel einen schönen braunen Pullover für Dich, wenn du Ihn zum Anziehen willst, so schicke ich Ihn dir. Hast du auch etwas von der Quelle schiken lassen, daß du so einen Kalender hast. Diese 170 M. Habe ich Dir überwiesen wenn Du Sie noch nicht hast, dann mußt Sie bald bekommen, mit dem Brief, wo ich Dir geschrieben habe. Wenn Sie fertig ist schreibe gleich. An deine Mutter habe ich auch geschrieben aber noch keine Nachricht erhalten. Meine Mutter ist immer noch nicht recht, der Finger ist besser, aber mit dem Herz ist es nicht recht. Wenn man alt ist so kommt alles zusammen. Man liest in der Zeitung, daß der Tifhus ausgebrochen ist in Stuttgart in Ebingen Hechingen und im Kreis Horb. Es ist furcht-bar wenn noch solche schleichende Krankheiten kommen, und auch Grippe.
Bist du immer noch am Körbe machen. Wir sind wirklich auch in der Stube, wenn es Winter ist will man auch nicht immer hinausgehen. Karl ist froh daß es Er soweit ist. Er will mich einmal besuchen. Minister Viktor Renner spricht in Schömberg, villeicht gehe ich hin zu Ihm. Wenn du nur auch einmal zu Hause sein könntest, wir könnten dich so wohl gebrauchen. Es ist hart wenn nur Frauen allein sind. Jetzt sind es schon 8 Jahre, seid du von zu Hause fort bist. Das Kind geht fest in die Schule, und Schlitten-fahren tut sie auch fest. Ist keiner mehr entlassen worden? Jetzt ist es 11 Uhr und ich gehe ins Bett Gute Nacht.
Die besten Grüße von uns allen sendet Dir deine Helene + Kind."

Die Lektüre dieses Briefes muss bei Paul Marek die Reaktion ausgelöst haben, sich selbst zu töten. Er erhängte sich kurz danach, laut Auskunft der Stadt Wittlich am 4. Februar 1953. Im Sterbebuch der Stadt ist bei „25/1953" die Todesursache „Tod durch Erhängen" eingetragen.

Die Selbsttötung Mareks ist bis 1957 die einzige im Kriegsverbrechertrakt der JVA Wittlich. Der Ministerpräsident von Rheinland-Pfalz, Altmeier, hatte in einem Schreiben an Francois-Poncet vom 24.11. 1951 eine „angespannte Lage in Wittlich" festgestellt, „einige Insassen zeigten Anzeichen einer Psychose". Als Ursache nann-te Altmeier: „Viele der Verurteilten, gerade jene der Rastatter Prozesse, seien bei Gnadenerweisen nicht berücksichtigt worden"[25]. In einem Brief vom 9.12. 1950 ein

<hr>

25 Spies, a.a.O. S.154 Anm.730

alles zusammen. Man liest in der
Zeitung daß der Typhus ausgebrochen
ist in Stuttgart in Ebingen Heching...
und im Kreis Horb. Ich [fürchte]
wenn noch solche schleichende Krankheiten kommen und auch Grippe.
Bist du immer noch am Körbe machen.
Wir sind wirklich auch in der Theuer...
weil es Winter ist will man auch
nicht immer hinausgehen. Karl ist
froh daß er so weit ist. Er will mich
einmal besuchen. Minister Vikter Renn
spricht in Schönberg, vielleicht gehe ich
hin zu ihm. Wenn du nur auch einmal
zu Hause sein könntest, wie könnte
dich so wohl gebrauchen. Es ist hart
wenn wir Frauen allein sind. Jetzt
wird es schon 8 Jahre seit du von
zu Hause fortbist. Das Kind geht
fest in die Schule und Schlittenfahren
tut sie auch fest. Ist keiner mehr
entlassen worden? Jetzt ist es 9 Uhr
und ich gehe ins Bett. Gute Nacht.
Die besten Grüße von uns Allen
sendet Dir Deine Helene u Karl

Jahr zuvor hatte Altmeier bereits Francois-Poncet geschrieben, dass „manche Urteile der Nachkriegsjahre zu hart gewesen seien", dass sich Frankreich an der „US-Gnadenpolitik orientieren solle". Francois-Poncet erklärte sich bereit, „Strafminderungen" anzuordnen, so dass „sukzessive" in den nächsten beiden Jahren tatsächlich „die Begnadigungen in der Besatzungszone zu Ostern, Weihnachten und dem französischen Nationalfeiertag"[26] erklärt wurden, jedoch nicht für Paul Marek, der wegen der Nichtentlassung zu Weihnachten gegen seine Erwartung Suizid beging.

Natürlich hatte er Helene in seinen Briefen niemals Andeutungen von depressiven Gedanken, geschweige denn Selbstmordabsichten mitgeteilt, sondern immer geschrieben, es gehe ihm gesundheitlich gut. Bei ihren Besuchen in Rastatt war das unter den Umständen mit der Kontrolle durch Uniformierte (s.o.) sicherlich kein Thema, er hatte auch Helene auf keine Weise beunruhigen wollen, zumal, wenn „das Kind", das nur einmal beim Namen Dorothea genannt wurde, mitgefahren war.

Dieses erinnert sich an die Beerdigung ihres Vaters in Erzingen bei Schnee und Frost, so dass es für den Totengräber schwierig gewesen sei, ein Grab auszuheben. Eine Kurznotiz in der Zeitung berichtete vom Begräbnis: „Erzingen. Zu Anfang der vergangenen Woche wurde hier der 1905 in Oberschlesien geborene Paul Marek beerdigt. Er kam 1944 nach Erzingen, war als Schachtmeister beim Ölschieferwerk angestellt und wurde nach der Überrollung zur Verantwortung gezogen. Mehr als sieben Jahre erwartete er den Tag, der ihm die Freiheit und die Rückkehr zu seiner Familie bringen sollte. Neben seiner Gattin Helene, geb. Jetter, ihrem achtjährigen Töchterlein und deren Angehörigen trauert in der polnisch besetzten Zone die hochbetagte Mutter des Dahingegangenen. Allen diesen Leidtragenden unsere innige Anteilnahme"[27].

26 Spies, a.a.O. S. 156
27 Zeitungsauschnitt in den Unterlagen von Helene Marek.

Bild aus „Mann in der Zeit": Helene Marek als Bäuerin unter dem Bild Paul Mareks

Rehabilitation und Epilog

Paul Mareks Vita und sein Schicksal wurden im Oktober 1955 vor dem Sozialgericht in Balingen verhandelt: „Auf der unter Vorsitz von Sozialgerichtsrat Stöhr im Sitzungssaal des Rathauses in Balingen stehenden Verhandlung des Sozialgerichts Reutlingen lebten die Maßnahmen der Besatzungsmacht aus dem Jahr 1945 wieder auf.

„Ein Schachtmeister war damals im Lager Balingen interniert worden, weil er ausländische Arbeiter schikaniert und mißhandelt habe. Durch den seinerzeitigen berüchtigten Lagerkommandanten wurde er mit der Peitsche bewußtlos geschlagen und dann mit Wasser übergossen, damit er wieder zu sich kam. Ein französisches Militärtribunal verurteilte den Schachtmeister zu einer 20jährigen Gefängnisstrafe mit Zwangsarbeit, die er in der Strafanstalt Wittlich verbringen mußte. Die Beteuerungen des Mannes, daß er unschuldig sei, halfen nichts. Das Urteil des französischen Gerichts wurden den deutschen Stellen, die es anforderten, nicht zur Kenntnis gebracht. Nach einer siebenjährigen Inhaftierung verübte der Mann Selbstmord. Die Witwe klagte nunmehr auf Zahlung einer Hinterbliebenenrente nach dem Bundesversorgungsgesetz, da einmal die Strafe zu Unrecht ausgesprochen und zum anderen der Selbstmord nur durch die lange Haft erfolgt sei. Das Gericht hatte eine Anzahl Zeugenerklärungen vorliegen, aus denen hervorging, daß sich der Schachtmeister nichts zu Schulden hatte kommen lassen. Das Sozialgericht konnte nicht feststellen, daß es sich, entgegen der Annahme des Militär-Tribunal, bei dem Mann um einen Kriegsverbrecher handelte. Auf Grund der eingeholten beiden fachärztlichen Gutachten stand das Motiv des Freitodes nicht eindeutig fest. Das Gericht war aber der Überzeugung, daß bei dem Mann eine gewisse Haftpsychose eingetreten war und daß er im Zustand seelischer Depressionen Hand an sich selbst legte. Unter diesen Umständen nahm das Gericht eine Schädigungsfolge im Sinne des Bundesversorgungsgesetzes an und sprach der Witwe und ihrem Kind eine Hinterliebenenrente zu“[1].

---

[1] Der ausgechnittene Zeitungsabschnitt trägt in der Schrift Helene Mareks den Vermerk „am 24. Okt. 1955 verhandelt" „Mit Peitsche bewußtlos geschlagen" Sozialgericht rehabilitiert Strafgefangenen -Verhandlung in Balingen.

Mit Peitsche bewußtlos geschlagen

Sozialgericht rehabilitiert Strafgefangenen — Verhandlung in Balingen

Auf der unter Vorsitz von Sozialgerichtsrat Stöhr im Sitzungssaal des Rathauses in Balingen stehenden Verhandlung des Sozialgerichts Reutlingen lebten die Maßnahmen der Besatzungsmacht aus dem Jahr 1945 wieder auf.

Ein Schachtmeister war damals im Lager Balingen interniert worden, weil er ausländische Arbeiter schikaniert und mißhandelt habe. Durch den seinerzeitigen berüchtigten Lagerkommandanten wurde er mit der Peitsche bewußtlos geschlagen und dann mit Wasser übergossen, damit er wieder zu sich kam. Ein französisches Militärtribunal verurteilte den Schachtmeister zu einer 20jährigen Gefängnisstrafe mit Zwangsarbeit, die er in der Strafanstalt Wittlich verbringen mußte. Die Beteuerungen des Mannes, daß er unschuldig sei, halfen nichts. Das Urteil des französischen Gerichts wurde den deutschen Stellen, die es anforderten, nicht zur Kenntnis gebracht. Nach einer siebenjährigen Inhaftierung verübte der Mann Selbstmord. Die Witwe klagte nunmehr auf Zahlung einer Hinterbliebenenrente nach dem Bundesversorgungsgesetz, da einmal die Strafe zu Unrecht ausgesprochen worden und zum anderen der Selbstmord nur durch die lange Haft erfolgt sei. Das Gericht hatte eine Anzahl Zeugenerklärungen vorliegen, aus denen hervorging, daß sich der Schachtmeister nichts zu Schulden hatte kommen lassen. Das Sozialgericht konnte nicht feststellen, daß es sich, entgegen der Annahme des Militär-Tribunal, bei dem Mann um einen Kriegsverbrecher handelte. Auf Grund der eingeholten beiden fachärztlichen Gutachten stand das Motiv des Freitodes nicht eindeutig fest. Das Gericht war aber der Überzeugung, daß bei dem Mann eine gewisse Haftpsychose eingetreten war und daß er im Zustand seelischer Depressionen Hand an sich selbst legte. Unter diesen Umständen nahm das Gericht eine Schädigungsfolge im Sinne des Bundesversorgungsgesetzes an und sprach der Witwe und ihrem Kind eine Hinterbliebenenrente zu.

Bei einem hirnverletzten Beamten ging es um die Höhe seines Erwerbsminderungsgrades, der nach den gesetzlichen Bestimmungen nur als fiktiv gilt. Durch seine Kriegsbeschädigung ist ihm der weitere Aufstieg in seiner Beamtenlaufbahn sehr erschwert, so daß er gegenüber seinen anderen Kollegen benachteiligt ist. Das Versorgungsamt hatte ihn mit einer Rente von 40 Prozent eingestuft, jedoch war er damit nicht zufrieden. Das Gericht hielt auf Grund der Schwere der Verletzungsfolgen sowie mit Rücksicht auf die Berufsbeeinträchtigung eine Rente von 50 Prozent für angebracht, so daß der Kläger jetzt Schwerkriegsbeschädigter im Sinn des Gesetzes ist. Der Fiskus wurde verurteilt, nunmehr eine Rente in dieser Höhe zu gewähren.

Einem Amtsboten hatte das Versorgungsamt die Rente von 50 auf 30 Prozent gekürzt. Er hatte im Krieg eine schwere Kieferverletzung, einen Schädelbruch sowie eine Schultergelenksverletzung mit Rippendefekten erlitten. Ein Obervertrauensarzt bestätigte das versorgungsärztliche Gutachten von 30 Prozent. In zwei weiteren fachärztlichen Gutachten wurde versucht, eine Klärung über die Höhe des Erwerbsminderungsgrades herbeizuführen. Aber erst aus einem dritten Fachgutachten, das von einem Facharzt für Gesichts- und Kieferchirurgie erstattet worden war, ergab sich die Schwere der jetzt noch bestehenden Verletzungsfolgen. Das Gericht gab daher der Klage auf Gewährung einer 50prozentigen Rente statt.

In zwei Klagefällen hatte sich das Gericht mit der Frage zu befassen, ob ein Krebsleiden ursächlich auf den Kriegsdienst zurückzuführen ist. In dem einen Fall ging es um einen Kehlkopfkrebs und im anderen um einen Lungenkrebs. Die gehörten ärztlichen Sachverständigen waren der Ansicht, daß ein ursächlicher Zusammenhang des Krebses mit dem Kriegsdienst nicht bestehe. Nur in besonderen Ausnahmefällen könne einmal die Zusammenhangsfrage bejaht werden. Eine derartige Ausnahme konnten aber die Gutachter in den beiden vorliegenden Fällen nicht erblicken. Das Gericht wies deshalb die Klage zurück.

Zeitungsausschnitt vom 24. Oktober 1955. Die Überschrift bezieht sich auf Paul Marek.

Die fett gedruckte Schlagzeile „Mit Peitsche bewußtlos geschlagen" stellt Marek als Opfer dar und kommt zu dem Ergebnis gegen das französische Militär-Tribunal, dass er kein Kriegsverbrecher war. Dafür hatte Helene Marek gekämpft, dafür hatte sie Zeugen aufgeboten und unzählige Bittschreiben an unterschiedlichste Behörden verfasst. Dennoch musste sie wegen der Waisenrente für ihre Tochter Dorothea wiederum einen langen Atem haben, denn ein „Bescheid" der „Landesversicherungsanstalt Baden-Württemberg" vom 24. Mai 1954 „tritt an Stelle desjenigen vom 7.7.1953". Dagegen scheint Helene Marek beim Sozialgericht Reutlingen geklagt zu haben. Das Sozialgericht tagte im Oktober 1955, der Eingangsstempel für die AOK Balingen trägt das Datum 7.8. 1956[2].

Zehn Jahre nach Kriegsende wurde demnach der Urteilsspruch des Militärgerichts in Rastatt gegen Paul Marek durch das Sozialgericht revidiert und als falsch charakterisiert. Ist damit auch grundsätzlich und von heute aus betrachtet das Rastatter Militärtribunal gescheitert, weil nicht die wirklichen Kriegsverbrecher verurteilt oder in der frühen Bundesrepublik viel zu früh entlassen wurden?

Die französischen ehemaligen Häftlinge des KZ Erzingen, die sich in Erzingen trafen, haben mit Helene Marek keinen Kontakt gesucht, obwohl Léon Boutbien seine Einschätzung nach dem Rastatter Prozess geändert hatte. Rastatt dürfte dennoch nachgewirkt haben. Die Franzosen, auf ihrer Exklusivität beharrend, wollten bis in die 8oer Jahre sich nur mit von ihnen Eingeladenen treffen und sprechen, weil es sich um ihre Gefangenschaft gehandelt habe, wie Robert Salomon mehrfach betonte. Die Zeremonie der Erinnerungsfeiern in Natzweiler-Struthof z. B. im April jeden Jahres ist bis heute vom Militärischen bestimmt.

Urteile des Militär-Tribunals wurden erst später revidiert und waren abhängig von der Art des Vergehens und der Strafe. Heute kann man sie zum Glück[3] in Archiven der französischen Streitkräfte, den „Archives de l'occupation en Allemagne et en Autriche" in La Courneuve bei Paris einsehen.

<hr>

2   Originaldokument bei den Papieren Helene Mareks.

3   Der Erlass des französischen Ministerpräsidenten Manuel Valls vom 24.12. 2015 ordnete die Freigabe der vorher für hundert Jahre gesperrten Justizakten der französischen Militärregierung an und ermöglicht nun die Nutzung: „Arrêté ministériel portant ouverture d'archives relatives à la Seconde Guerre mondiale". Vgl. Deigendesch S.5.

Besuch der ehemaligen Häftlinge Bernard Hemmer und Klaas van Donselaar mit einem großen
Auto in Erzingen 1956: Kind Heckele,, Dorothea Marek vor Bernard Hemmer, Bildmitte: Helene Ma-
rek, neben ihr Frau Hemmer, zweite von links Frau v. Donselaar und ein Ehepaar der Verwandtschaft.
Vor dem neuen Haus, Photograph ist Klaas v. Donselaar

Das Verhalten einiger holländischer ehemaliger KZ-Insassen ist durch Nähe zu Erzingern geprägt. Bernard Hemmer setzte sich in zwei Schreiben von 1948 und 1952 für Marek ein, korrespondierte mit Fritz Heckele und bereitete seinen Besuch in Erzingen mit Klaas von Dunselaar vor. Die Besuche sind in Photos festgehalten[4].

4   Vgl. das Kapitel Erzinger I und Erzinger II in: Jan, ist der Führer tot"? a.a.O. S. 94 ff.

Schwarzwälder Post zu Nürnberger Prozess

Schlussbetrachtung

Die Gleichzeitigkeit zwischen dem Rastatter Prozessbeginn und dem Ausgraben der verscharrten Toten der Konzentrationslager Dautmergen und Schömberg zeigt deren Wechselbeziehung: In Schömberg war zunächst eine Gedenkstätte über den Gruben und Gräbern vorgesehen, die im August 1945 fertig war. Die französische Besatzungsmacht ordnete jedoch wie beim KZ Schörzingen an, die Spuren der Verbrechen des Nationalsozialismus dadurch sichtbar zu machen, dass die Toten exhumiert wurden. Ab August 1946 wurden im „Schönhager Loch" in Schömberg 75 Gruben mit Leichen unter der Leitung französischer Militärs ausgegraben. Diese „Umbettungen" waren notwendig, denn die Toten sollten auf 88 Feldern eines Geländes, das für einen neuen KZ-Ehrenfriedhof vorgesehen war, in Fichtensärgen zum zweiten Mal würdig beerdigt werden. Am 23. Oktober 1946 wurde dieser Friedhof eröffnet. Vorher hatten vom 24. August bis 23. September 1946 auf französische Anordnung hin und durchgeführt von allen Landratsämtern sogenannte „Kollektiv-Visiten" stattgefunden, bei denen die Bevölkerung, besonders Funktionsträger des Regimes und der kommunalen Verwaltung, zur Kenntnis nehmen sollten, welche Verbrechen geschehen waren.

Auf dem Sockel des Mahnmals des Schömberger KZ-Friedhofs wurde der Opfer der Nazi-Barbarei, der „VICTIMES DE LA BARBERIE NAZIE" gedacht.

Offensichtlich wollte Frankreich, dem in Natzweiler-Struthof ein KZ auf seinem Territorium von den Deutschen aufgezwungen worden war, bei den Außenlagern Dautmergen und Schömberg besondere Sorgfalt walten lassen: in der Zeit seit dem Ende des Hitlerregimes hatte eher eine gewisse Unerfahrenheit bei der Besatzungsmacht im Umgang mit den Besiegten geherrscht, wie das Beispiel des sog. „Schwarzen Lagers" Dormettingen zeigte.

Bei der Militärgerichtsbarkeit des Rastatter Prozesses folgte Frankreich dem Muster der Amerikaner und Briten in deren Zonen.

Dass die französische Besatzungsmacht die junge Frau Dr. Kloninger in den Rastatter Prozessen von 1946-1950 für 295 Angeklagte zur Pflicht-Straf-Verteidigerin berief, könnte auf eine gewisse Notwendigkeit der Improvisation hinweisen, zumal diese Berufung einer so jungen Frau für so viele Fälle einmalig blieb. Dass Dr. Helga Kloninger ihre Aufgabe bravourös erfüllte, zeigt ihre Rolle bei der Festsetzung des Strafmaßes für Paul Marek und bei Richtigstellungen der voyeuristischen Anwürfe der Boulevardpresse gegen diesen.

Biographie

Zeitraum	Biographie Marek	*Allgemeine Geschichte*
1905, 29.06.	Geburt in Sandowitz Schlesien	
1937, ab 20.10.	Vorarbeiter bei Fa. Ernst König, Magdeburg	
1939, 01.09.		*Auslösen des Zweiten Weltkrieges durch Hitler-Deutschland*
1943	in Wittenberge für Fa.König	
1944, 30.03.	in Erzingen für Fa.König als Schacht(Werk)meister	
		Gründung „Deutsche Schieferöl" SS
		Aufbau „Wüste" 4, 5
		Aufbau KZ Erzingen, NN-Lager
		Aufbau des „Russenlagers" Erzingen
1944, Oktober	Heirat mit Helene Jetter	
1944, 30.11.	Unfall Marcel Groenwoet	
1945, 21.03.		*Norweger befreit (schwed.RK)*
1945, 14.04.		*Evakuierung des KZ Erzingen*
20.04.		*Ankunft franzüs.Truppen im ZAK*
1945, 08.05.		*Tag der Befreiung, Kriegsende*
1945, Juli	Verhaftung	
1945, 17.07.		*Beginn der Potsdamer Konferenz*
1945, 25.07.	Geburt der Tochter Dorothea	
31.07.	Internierungslager Balingen	
1945, ab Juli	Internierungslager Reutlingen	
1945, 06.08.		*Erste Atombombe Hiroshima*
1945, 08.08.		*SU Kriegserklärung an Japan*
1945, 08.08.		*Londoner Statut Militärtribunal*
1946, 14.08.	Übergabe an Frz. Justizbehörde	
1945, 15.11.- 13.12. 1.		*Dachauer Militärgerichtsverfahren*
1945, 20.11.		*Beginn des „Nürnberger Prozesses"*

Biographie

Zeitraum	Biographie Marek	*Allgemeine Geschichte*
1946, 30.09./01.10		*Ende „Nürnberger Prozess "Urteile wegen Kriegsverbrechen u. Verbrechen gegen Menschlichkeit*
1946, 09.12.	Proces Verbal vor dem Tribunal in Rastatt, dem höchsten frz.Gericht	
1946, Dezember:	Zeugenaussagen	
1947, 14.01.	Paul Mareks Aussage	
1947, 27.01.	Gericht fordert Todesstrafe Plädoyer Helga Kloninger: 20 Jahre Gefängnis	
1947, 30.01.	Mareks Schlusserklärung: „Ich habe nichts Böses getan"	
1947, 01.02.	Urteil: 20 Jahre mit Zwangsarbeit Haftanstalt Wittlich	
1947, 14.02.	Revisionsantrag Kloninger	
17.02.	Revisionsantrag Kloninger	
1947		*Marshall-Plan*
1947	Höhnischer Artikel in "Die Neue Demokratie"	
1947	Richtigstellung durch Helga Kloninger	
1947, 22.02.	Veröffentlichung des Urteils	
1948, Juni		*Währungsreform*
1948, 12.06.	Brief Bernard Hemmers f. Marek	
1949,	Unterschriftensammlung in Erzingen	
1949, 23.05.		*Grundgesetz Bundesrepublik*
1950, 12.06.		*Exhumierung Marcel Groenwoet*
1950, 13.06.		*Bundesgesetzblatt Nr.24 über Unterhaltshilfe Kriegsgefangene*
1950, 30.08.	Brief aus Wittlich	
1950, 15.09.	Straferlass von fünf Jahren	
1951, 11.03.	Brief aus Wittlich	
1951, 29.04.	Brief aus Wittlich, Erwähnung eines Briefes an Landrat Römer, Balingen	
1951, 18.09.	Brand in Erzingen: Anwesen brennt ab	
1951, 15.10	Gnadengesuch an Francois-Poncet,Bonn	

Zeitraum	Biographie Marek	*Allgemeine Geschichte*
1951, 25.11.	Brief aus Wittlich	
1952 März		*Stalin-Note*
1952, 04.06.	Brief aus Wittlich	
1952, 22.07.	Brief Bernard Hemmers	
1952, 26.07.	Helene Mareks Brief an Viktor Renner, Justizminister Baden-Württ.	
1952, 25.04.		*Gründung des neuen Landes Baden-Württemberg: R.Maier*
1952, 21.09.	Brief aus Wittlich „Mann in der Zeit"-Bericht: Neue Hoffnung im Kriegsverbrecher Kriegsverbrechergefängnis	
1952, 26.10.	Brief aus Wittlich	
1952,	Ende Oktober Revanchistische Demonstration in Wittlich gegen Festhalten von deutschen Gefangenen	
1953, 22.01.	Brief Helenes an Paul zurück nach Erzingen	
1953, 04.02.	Suizid Paul Mareks durch Erhängen	
1953, Februar	Begräbnis in Erzingen	
1953, 11.11.		*Verfassung des Landes Baden-Württemberg*

Quellen und Literatur

Archiv de Tribunal Général de Rastatt, Dossier Nr. 9, S. 7 Ière Instance Ie Serie de Camps de Wurtemberg. In: 004 Prozess Rastatt-AJ-4028-4034.

TRIBUNAL GENERAL DE GOUVERNEMENT MILITAIRE DE LA ZONE FRANCAISE D'OCCUPATION EN ALLEMAGNE: PROCES VERBAL Nichtamtliche deutsche Übersetzung der Zentralen Stelle Ludwigsburg 419 AR – Z 33/61, herausgegeben von Willi Dreßen, Staatsanwalt, Ludwigsburg den 8.März 1984

JOURNAL OFFICIEL DU COMMANDEMENT EN CHEF FRANCAIS EN ALLEMAGNE GOUVERNEMENT MILITAIRE DE LA ZONE FRANCAISE D'OCCUPATION Nr. 64 vom 16. April 1947. Zweisprachig, Prozeß der Konzentrationslager von Natzweiler, Lager von Schömberg, Schörzingen, Spaichingen, Erzingen, Dautmergen. Abgedruckt in: Das Unternehmen „Wüste" Ölschieferwerke und Konzentrationslager entlang der Bahnlinie Tübingen-Rottweil 1944/45. Leitfaden und Materialien zur Ausstellung. Hgg. von Immo Opfermann Mai 1997.

Dokumente aus dem Kreisarchiv Rastatt zu Dr. Helga Kloniger und Paul Marek: Nachlass Dr. Helga Stödter Nr. 38. Kreisarchiv Rastatt 6. Martin Walter, Das Tribunal General de la Zone Francaise de Rastatt. Zwei neue historische Quellen im Kreisarchiv. In: Heimatbuch des Landkreises Rastatt. 2014, S.120.

Dokumente aus dem Familienbesitz der Familie Helene und Paul Marek

Dokumente aus dem Personal-Ordner des Zementwerkes Dotternhausen: Briefwechsel zwischen Rudolf Rohrbach und Käte Hartmann.

Blau-Weiß-Rot: Leben unter der Trikolore.
Die Kreise Balingen und Hechingen in der Nachkriegszeit 1945 bis 1949.
Zollernalb-Profile Band 5. Herausgeber: Landratsamt Zollernalbkreis, bearbeitet
von Andreas Zekorn. 1999

Das sowjetische Speziallager Nr.2 1945-1950 Katalog zur ständigen historischen
Ausstellung. Herausgegeben von Bodo Ritscher e.a. im Auftrag der Gedenkstätte
Buchenwald 1999.

Deigendesch, Roland: Von Rottenburg nach Rastatt. Wilhelm Saile vor dem Tribunal Général der französischen Militärregierung.Selbstverlag 2020.

Eschenburg, Theodor: Jahre der Besatzung 1945 – 1949. In: Geschichte der Bundesrepublik Deutschland in fünf Bänden. Hgg. von Dietrich Bracher...Stuttgart 1983.

ders.: Erinnerungen 1933 – 1999. Letzten Endes meine ich doch. Berlin 2.Aufl.2000.

Hagenbourger/Lempp: Aus schwerem Traum erwachen. Nr.7244 berichtet aus dem
KZ Schörzingern. Deißlingen-Lauffen. 1999.

Huth, Arno: Dokumentation Das doppelte Ende des „K.L.Natzweiler" auf beiden
Seiten des Rheins. Landeszentrale für politische Bildung Baden- Württemberg. Neckarelz 2013.

Klee, Ernst: Das Personenlexikon zum Dritten Reich.
Wer war was vor und nach 1945. Genehmigte Lizenzausgabe für Edition Kramer.
Koblenz 2003.

Krautkrämer, Elmar: Internationale Politik im 20. Jahrhundert. Dokumente und
Materialien Band 2: 1939-1945. Frankfurt a.M. 1977.

Landesgeschichten. Der deutsche Südwesten von 1790 bis heute. Das Buch zur Dauerausstellung im Haus der Geschichte Baden-Württemberg.
Stuttgart Dez. 2002.

Opfermann, Immo: Das Unternehmen „Wüste"....Leitfaden 1997. (s.o.)

ders.: Die „Lias": Ölschiefer-Verschwelung und das KZ Frommern 1942-1949. In: Ölschieferwerk Frommern. Industriereportage (1947). Schwäbisches Kulturarchiv des Schwäbischen Albvereins (Hg.). Albstadt 2002.

ders.: Jan, ist der Führer tot? Portraits und Glückwunschkarten im KZ Erzingen.
Bad Schussenried 2016.

ders.: Bei Ostwind hörten wir die Leute schreien. München/Wien 2020.

Pendaries, Yveline: Le Procès de Rastatt, 1995, S.319. Annexe 12.

Spies, Christopher: Die „Kriegsverbrecherfrage" in Rheinland-Pfalz, Baden und Württemberg-Hohenzollern. Zur Politik der Regierungen Altmeier, Wohleb und Müller in Begnadigungsverfahren von Verurteilten französischer Militärgerichte 1947-1957. Veröffentlichungen des Landes Rheinland-Pfalz Band 32. Landtag Rheinland-Pfalz. Verlag Regionalkultur, Ubstadt-Weiher 2020.

Steinhart, Margarete: Kleinstadt im Wandel. Balingen 1918-1948.
Veröffentlichungen des Stadtarchivs Balingen Band 3,
Balingen 1991.

Zekorn, Andreas: Todesfabrik KZ Dautmergen. Ein Konzentrationslager des Unternehmens „Wüste". Landeszentrale für politische Bildung Baden-Württemberg. Schriften zur politischen Landeskunde Bd.49.
Stuttgart 2019. Abschnitt: Juristische Aufarbeitung...S.325 ff.

Bildnachweise

JVA Wittlich: Bildagentur Landesarchivverwaltung Rheinland-Pfalz Landeshaupt-archiv Koblenz. Bild Nr. L 59485, Photo von 1932.

Situationsskizze zum Unfall in Erzingen: Akte Marek in Courneuve, Archives de l'occupation en Allemagne et en Autriche, überlassen von Judith Voelker.

Rastatt-Bild: Bundesarchiv Berlin, Bildarchiv, Sign. 183-V02830.

Privatbilder der Familien Marek und Jetter, Erzingen

Privatbilder der Familie Bernard Hemmer, Holland
Privatbilder der Familie de Gunsch, Belgien

Dank

Für die überlassenen Materialien ihres Vaters, die sie von ihrer Mutter Helene Marek erhalten hatte, danke ich Frau Dorothea Keinath, Erzingen. Oft hatte ich sie nach Einzelheiten ihrer Familie und ihres Vaters gefragt: Deshalb beschäftige ich mich seit Jahrzehnten schon mit dem Fall Marek.

Ich danke Herrn Martin Walter, Kreisarchivar in Rastatt, dass er zu Frau Dr. Kloniger, der Verteidigerin Paul Mareks, bereitwillig Auskünfte erteilte und Quellen zur Verfügung stellte, ebenso bisher unveröffentlichte Briefe Pauls und Helene Mareks,

Meinem Sohn Matthias danke ich für die Hilfe bei den Bildern, desgleichen Herrn Holger Ardelt für das Layout des Buches.
Zum Dank verpflichtet bin ich Volker Mall von der Gedenkstätte Hailfingen-Tailfingen, weil er mir den Weg zum Druck des Buches aufgezeigt hat.

Meiner Frau Gabriele möchte ich besonders danken, dass sie meinen Text kritisch gelesen und hinterfragt, Anregungen zur Gliederung des Buches gegeben hat.
Lieben Dank, liebe Frau.

Daten zur Vita des Verfassers

161

Immo Opfermann, geb. 1942 in Dingelstädt/Eichsfeld, flüchtete 1953 aus der DDR und machte 1962 Abitur in Cloppenburg, Südoldenburg. Ab 1962 studierte er Germanistik und Geschichte in Münster und Tübingen und unterrichtete von 1969 bis 2006 als Gymnasiallehrer in Balingen die Fächer Deutsch, Geschichte, Gemeinschaftskunde und Theater. Seit 1985 beschäftigte er sich mit den KZs im Zollernalbkreis. Ab 1989 initiierte er mit Schülern eine Geschichts-AG zur Erforschung der NS-Geschichte „vor der Haustüre" des Unternehmens „Wüste", der eine Reihe von Ausstellungen folgten(1994 Balingen, 1995 Rottweil, 1997 Tübingen, 2001 Stuttgart).

Der Autor war von 1988 bis 2008 Mitglied der „Initiative Gedenkstätte Eckerwald" („Wüste 10"); seit 2009 engagiert er sich im „Wüste"-Arbeitskreis Balingen. Seine Publikationen und Vorträge zu den „Wüste"-KZs erfolgten seit 1992 und setzen sich bis heute fort. Immo Opfermann ist verheiratet und hat vier Kinder.